Harry Rowohlt • Pooh's Corner

Harry Rowohlt
Pooh's Corner

Meinungen eines Bären
von sehr geringem Verstand

Gesammelte Höhepunkte

KEIN&ABER
POCKET

Ausgewählt und neu zusammengestellt von Anna Mikula

Alle Rechte vorbehalten
Copyright © 2009/2025 by Kein & Aber AG Zürich – Berlin
Kein & Aber AG, Bäckerstrasse 52, CH – 8004 Zürich,
info@keinundaber.ch
Kontakt in der EU: DUMMY Verlag GmbH, Kirchstraße 1, D – 10557 Berlin,
redaktion@dummyverlag.de
Die Nutzung dieses Werkes für Text und Data Mining
im Sinne von § 44b UrhG behalten wir uns explizit vor
Coverillustration: Ernest H. Shepard
Satz: Dörlemann Satz, Lemförde
Druck und Bindung: CPI books GmbH, Leck
ISBN 978-3-0369-6197-2

www.keinundaber.ch

INHALT

Vorwort 9
Who is Pooh? Auf Bärenfang in Sussex 13

POOH'S CORNER

1989
Vier Soldaten 31
Warum die Zehn Gebote auf zwei Gesetzestafeln
stehen 34

1990
Die Indianereinstellung 39
Frühstück ohne Blaulicht 42
Der Gerstner, der Gredinger und der Kutter 45
Cry Baby! 48
Ich und Schmidt-Bargfeld 52

1991
Blauäugig. Na und? 59
Das Auge Lenins 62

1992
Sarastro, opak-luzid 69

1993
Sonntags, wenn der Chef verreist 75

1994
Im Kino 79

1995
Dieser Anfang muss weg 85
Unser Schiff für Mururoa 89
Carte blanche 92

1996

Der Laden brummt 97
Rückschau 101

1997

Eine Frage, die mich nicht loslässt 109
Fünf müßige Betrachtungen 111
Nieder mit Neuschreib! 115
Eine kleine Buchmesse 118

1998

Die Zweithymne 123
Ein virtueller Schundroman 128
Mit Vonnegut auf Tingeltour 132

1999

Ham-, Frei- und wieder Hamburg 139

2000

Rätselhaftes Dramolett 149

2005

Leitbache (rauschig) 155

2006

Krankheiten 161
Ach, Robert 165
Auf die Schnauze 168

2007

Freiheit für Mumia Abu-Jamal! 175
Was macht ein belletristischer Übersetzer? 178
Sauerkraut aus Rotkohl 182
Hadschi Halef Omar 185
Wenn der Verleger zweimal klingelt 186
Antinichtraucherkampagne 190

2008

Fritz Senn 197
Wenn ich nicht so ekelhaft bescheiden wäre 201
Fernsehfilm-Festival 208
Fortsetzung Filmfestival 212
Fortsetzung Filmfestival 215

2009

Winterhuder Gestaltungswille 221
Ach, Francis 224
Selbstanzeige 228

2010

Nette Lumpen 233

2011

Alles über Flann 239

2013

Girls, Girls, Girls 245

Nachwort von Elke Heidenreich 249

AUFSÄTZE, EIN INTERVIEW,
EIN FRAGEBOGEN

Lost in Translation: Wie ich mich einmal von einer
Diplomarbeit und einer Magisterarbeit umstellt sah 255
Der Hund meines Lebens 259
Irland, mit den Augen von Flann O'Brien gesehen 263
Typisch, 'ne Fünf in Mathe. 282
Erst drängeln und dann trödeln: Der *FAZ-Magazin-*
Fragebogen 297

Editorische Notiz 303

VORWORT

inepsias scripsi ergo svm

Inzwischen häufen sich die Ehrungen, aber der Anfang war hart, verdammt hart.

Inzwischen fordert Uwe Kopf in *Tempo*, ich solle *Zeit*-Herausgeber werden, weil ich die nötige Intelligenz und den nötigen Durst aufbrächte; inzwischen fordert Rolf Suhl in *SZENE Hamburg*, ich solle als Senator für Inneres in Hamburg für Ruhe und Ordnung sorgen (was – nach einigen Irrungen – aufs selbe hinausläuft. Da werde ich lieber gleich *Zeit*-Herausgeber und brauche nicht jahrelang auf eine Sturmflut zu warten.[1]); Wolfgang »Klischee« Röhl gar schreibt mir einen bitterbösen Brief, ich solle nie wieder Zeitungsartikel schreiben, und zwar u.a., weil er das selbst viel besser kann: »Verfilzte Haare und Bierbauch machen noch keinen Bären.« Und wenn man so was von einer solchen Musterschüler-Fresse mit einer solchen Sonderschüler-Lache gesagt kriegt, hält man natürlich durch. Inzwischen wurde ich für den Helmut-M.-Braem- und

---

1 Helmut Schmidt (frz.: le feldwébel); in Hamburch geboren und Iurrnalist geworden; Trendsetter in Geschmacks- (bübchenblau) und Etikette- (»Hamse überhaupt gedient?«) Fragen; Schulkamerad von Ruth Liepman und mir; trägt im Sommer kurze Hosen.

den Deutschen Jugendbuch-Übersetzer-Preis nominiert; inzwischen hat mir Franziska »Am schönsten fand ich die Fresken« Greiner ihren Rucksack ausgeleert; inzwischen gebe ich schwer leserliche Autogramme, dass selbst Diakonissen schier aus dem Häubchen sind; inzwischen werde ich auf Vernissagen und zu Talkshows eingeladen; inzwischen fragen mich die Menschen, ob sie ins Kino gehen dürfen und, wenn ja, in welches; inzwischen fragen nur noch die hinterletzten Dumpfbeutel, ob ich was mit dem Rohwollt-Verlach zu tun habe; inzwischen sind der Helmut-M.-Braem- und der Deutsche Jugendbuch-Übersetzer-Preis zusammengelegt und in Harry-P.-Rowohlt-Preis umbenannt worden, und irgendwie läuft alles sowieso irgendwie besser.

Aber vorher?

Oha.

Gar nicht dran denken.

Vorher habe ich stumpf ein Buch nach dem anderen übersetzt, teils mit mehr – Flann O'Brien –, teils mit weniger – wie hieß er noch? – Vergnügen. A gentleman's hobby. Und dann kam Ute »Schnute« Blaich, die damals, als sie noch wusste, was gut für sie war, *Zeit*-Redaktrice für Kinderkram war, und sagte, sie will, dass ich in ihrer Promi-Reihe »Kinderbücher, die mich prägten« zwischen Axel Eggebrecht und Wolfdietrich Schnurre hinschreibe, welche Kinderbücher mich geprägt haben. »Zwischen Axel Eggebrecht und Wolfdietrich Schnurre? Da bin ich aber doch weiß Gott nicht Promi genug«, sagte ich, aber Axel Eggebrecht sagte: »Schreib erstmal was hin; danach bist du dann, wenn du's schön gemacht hast, Promi genug«, und was Wolfdietrich Schnurre gesagt hätte, weiß ich nicht, weil ich ihn nicht gefragt habe. (Das vorletzte Mal, dass ich ihn gesehen habe, verschwand er mit seinem komischen Hund halb im Wald, drehte sich nochmal um, reckte die Faust und schrie: »Seh ich nicht aus wie der junge Brecht?« Axel Eggebrecht, nicht Wolfdietrich Schnurre.)

Dann hatte Siegfried »Schnulze« Schober keine Lust, nach Kuba zu fahren, und Gerhard (»Woaßt wos –: Da Harry, da is mei Bruder«) Roth, den man über den Flop seines ersten Theaterstücks hinwegtrösten wollte, hatte, weil untröstlich, ebenfalls keine Lust, und als ich meinen fertigen Kuba-Artikel vorwies, sagte Ulrich Greiner: »Das ist ja ungewöhnlich sauber getippt.« Der Rest ist, um es mit Arnold Schwarzenegger zu sagen, »history«.

Und um nicht – »… and first of all my mom and dad without who all this wouldn't have been possible …« – ganz vielen Leuten für nix und wieder nix danken zu müssen, danke ich meiner ollen Tabak-Lesbe, die gar nicht lesbisch war und mir jahrelang Zeitungen und Zigaretten verkauft hat, bis sie still verstarb, und, weil sie, wie so viele, den Unterschied zwischen Autor, Verleger, Übersetzer und Illustrator nicht kapierte, zu mir sagte: »Können Sie aber schön zeichnen.« Gemeint war E. H. Shepard, der, wenn man ihn nur richtig betrachtet, aussieht wie der junge Brecht.

Und wer hat »inepsias scripsi ergo svm« über wen gesagt? Der erste Einsender kriegt 5 Mark. Versprochen.

Vorwort zur 2. Auflage

Das Nashorn-Gedicht (S. 287) ist inzwischen von Hans Werner Henze vertont worden. Ennio Morricone wäre mir lieber gewesen. Aber mach was.

Vorwort zur 4. Auflage

Schnulzenfuzzi, atonaler.

WHO IS POOH?
Auf Bärenfang in Sussex

Wenn es so richtig schön wird, muss ich ja leider immer weinen. Nicht nur im Kino. Auch beim Lesen. Sogar beim Korrekturlesen. Aber das – man kann mich, wenn man will, für die Nummer buchen – klappt nur bei Pu.

Pu der Bär war mein erstes Buch; seitdem mag ich Bücher und Bären, und mein erster eigener Teddy hieß, na? Wie? Genau. Fritz.

Wegen Pu heißt meine Kolumne im Feuilleton der *Zeit Pooh's Corner*, und die Menschen sagen »Pu« zu mir oder »Bär« oder »Pu-Bär«. Und was sagen sie in Pooh's Country zu mir, in East Sussex? Genau. Fritz.

»Ich bin Hunne; Sie können Fritz zu mir sagen.«

A. A. – oder Alan Alexander – Milne wurde (jetzt kommt der informative Teil; er hört aber gleich wieder auf) am 18. Januar 1882 in London als Sohn eines Schulmeisters und seiner Frau geboren, und nach einer gewissen Zeit starb er dann. Ab hier hätte ich gern von den Literaturlexika abgeschrieben, aber da steht er hinter dem Langweiler Henry Miller und der Langweilerin Sarah Gertrude Millin nicht drin. Dafür hat der Brockhaus gleich drei Milnes: unseren und zwei andere, einen

Astrophysiker und einen Erdbebenheini. Die beiden anderen, der Astro und der Heini, werden als »bahnbrechend« bezeichnet. A. A. nicht. Als hätte er nicht die absoluten Bahnen gebrochen, als er die Sterne zum Beben und die Erde zum Bewohnbarmachenwollen gebracht hat.

Und die Sterne überschaubar. Wir alle haben uns doch schon immer über die Horoskope geärgert und über die Leute, die ihnen anhängen. Widder mit dem Schützen im Aszendenten. Wenn ich das schon höre. Pu mit I-Ah-Einsprengseln: *So* wird ein Horoskop draus.

Sylvia am Nebentisch sagt: »Früher war ich Fische. Dann habe ich *Pu* gelesen und wurde Ferkel. Und seitdem ich Kinder habe, bin ich Känga.«

Der Nebentisch steht in »The Anchor Inn«, einer Kneipe mit zwei Köchen, zwei Fremdenzimmern und zwei Sorten Stout vom Fass. In Hartfield hatten die Milnes ihr Sommerhaus, und wenn Hartfield nicht in Südengland läge, sondern in Nordamerika, wäre hier längst ein Disneyland entstanden, mit Pu-Tourismus und freundlichen Animateuren, die auf der Pustöckchen-Brücke das Pustöckchen-Spiel nach den neuen international verschärften Regeln veranstalten.

Freundlich und animiert sind die Hartfielder, aber das liegt nicht an Pu, sondern an den zwei Sorten Stout. Und als Konzession an den Pu-Tourismus gibt es einen Laden, in dem vor langer Zeit Christopher Robin sein Taschengeld für Süßigkeiten ausgegeben hat. Bonbons gibt es hier noch immer. Außerdem noch den echten Pu-Honig und Teetassen mit Pu drauf und sonstige, wie Mike Ridley, der Erfinder des Ladens, stolz sagt,

»Poohphernalia«. Ich lobe ihn für seine Wortschöpfung, und er sagt, er schäme sich. »Ich schäme mich«, sagt er, »weil ich mit Pu Geld verdiene. Aber nächstes Jahr läuft meine Disney-Lizenz aus, und dann werde ich mich etwas weniger schämen. Denn die Disney-Verfilmung war ja ein ...«

»... Verbrechen«, sagen wir im Chor.

»In zwei Jahren«, fährt er fort, »werde ich vielleicht ein Mensch. Bisher hat mir für so was die Zeit gefehlt.«

Ich sage ihm, mir komme er jetzt schon ziemlich menschenähnlich vor, schenke ihm die beiden von mir übersetzten Pu-Bände, und eine Dame fragt: »Wie haben Sie ›Heffalump‹ ins Deutsche übersetzt?« »Ich hab's gelassen, wie es ist. Heffalump.«

»HEF-FA-LUMP«, sagt sie in akzentfreiem Deutsch. »*Why, that's even better.*«

Sag ich doch die ganze Zeit.

Nun hat ja A. A. Milne nicht nur zwei Bücher über die Stofftiere seines Sohnes geschrieben und ebenso wunder- wie unübersetzbare Kindergedichte, sondern er war auch *Punch*-Redakteur und Verfasser von zeitkritischen Salonkomödien, die heute kein Theater mehr aufführen mag. Als Dramatiker hat er wohl Oscar Wilde im Sinn gehabt und nie erreicht, als Kinderbuchautor hatte er den Klassiker *Der Wind in den Weiden* von Kenneth Grahame im Auge, und den hat er spielend abgehängt. Selbstverkenntnis, von der wir alle profitieren, wir, die wir als Kinder *Pu* gelesen haben und dank Pu Kinder geblieben sind, und wir, die wir, falls wir als Kinder nicht *Pu* gelesen haben, dies schleunigst nachholen werden.

★ Versprochen? ★

Ich latsche mit Jackie Morris durch den Wald. Gar nicht wahr. Jackie Morris latscht mit mir durch den Wald. Jackie Morris hat ihren Doktor über den Ashdown Forest geschrieben; mit ihr ist man also im Wald bestens aufgehoben. Jackie Morris macht auf Wunsch Pu-Touren. Durch den 160-Morgen-Wald, der in Wirklichkeit ein 800-Morgen-Wald ist.

Wir finden auf Anhieb Oiles Wohnbaum, und ich sage: »Die Tatsache, dass wir ihn gefunden haben, beweist, dass wir ihn nicht gefunden haben. Denn er ist, erinnern wir uns, umgefallen.« Deutsch sein heißt, eine Sache um ihrer selbst willen tun.

Dafür finden wir I-Ahs traurige Stelle, und Jackie meint: »Mit so einer traurigen Stelle kann I-Ah echt nicht mehr meckern.«

»Wenn I-Ah nicht mehr meckern kann, entziehen wir ihm die Existenzgrundlage.«

Wir finden eine neue, noch traurigere Stelle.

Später zeigt man mir die hochoffizielle traurige Stelle, und hier krampft sich mir wirklich das Herz zusammen, so traurig ist sie. Ein Eiseshauch weht mich an, mitten im heißen südenglischen Sommer. Das, I-Ah, habe ich nicht gewollt.

Keine zwanzig Meter davon entfernt ist Pus warme, sonnige Stelle. Hier steht, wie sich das gehört, eine hässliche Sonnenuhr mit der Inschrift *This warm and sunny spot belongs to Pooh, and now it's time to wonder what to do.*

Freiheit ist nämlich, wenn man sich morgens fragt, was man wohl tun wird.

Zwang ist, wenn man es weiß.

Was tut man, wenn man die Freiheit hat, nichts zu tun? Oile wird an ihrem Bleistift kauen und eine zischelnde Rissssolutzzjohn in die Welt schicken. Kaninchen wird Bekannte-und-Verwandte nerven. I-Ah wird sich beklagen. Känga wird sich Sorgen um Klein Ruh machen. Klein Ruh wird seiner Mutter Anlass zur Sorge geben. Pu zählt seine Vorräte, und Ferkel macht alles mit. Unter Vorbehalt. Tieger ist ungestüm, Christopher Robin hat alles im Griff, und der Wald sieht aus wie von E. H. Shepard gezeichnet.

Der Wald sieht wirklich aus wie von E. H. Shepard gezeichnet. Ich kann diesen Wald nur empfehlen. Er sieht nämlich aus wie von E. H. Shepard gezeichnet. Es gibt ja Wälder, die stehen nur dumpf und grün herum und sehen bestenfalls aus wie gemalt. Aber dieser Wald? Wie von E. H. Shepard gezeichnet. Hirsche gibt es auch, bräsigbrünftige Mehrender. Zuchthirsche, denen man ansieht, dass sie die Wappentiere von Hartfield sind. Die äsen und dösen vor sich hin, und wenn sie brav etwas gezeugt haben, wird das in den Schwarzwald ex- und deportiert, zum Abknallen, raunen die Hartfielder.

Sorgen haben manche Leute.

Die Hirsche sehen nicht aus wie von E. H. Shepard gezeichnet.

Gill's Lap ist ein Hügel, fast ein Berg, und von hier aus hat man die ganze Welt unter sich, oder zumindest doch The Weald, den Wald, der ganz Südengland grün und schön macht. Ein meditativer Ort, von winzigen Soldaten durchwuselt, zwölf bis vierzehn Jahre alt, die streng aus ihrer olivgrünen Wäsche blicken, anstatt die Aussicht zu genießen.

Manchmal kaufen sie sich heimlich ein Eis, und die Ausbilder sehen es nicht.

Das ist das Schöne, wenn man keine Wehrpflicht hat. Man macht den Dienst an der Waffe attraktiv, ohne Waffe, aber mit Uniformen in Kindergrößen. Infanterie.

»Dieser Ort«, steht auf einer Metalltafel, »wurde durch A. A. Milne und E. H. Shepard berühmt gemacht.«

Da glauben die kleinen Soldaten, sie wären aus dem Kinderbuchalter heraus, und nun robben sie auf dem Bauch durch ihr Lieblingsbuch.

Früher oder später erwischt euch doch die IRA, und dann sagt nicht, ich hätte euch nicht gewarnt.

»Es ist ein ganz dummer Wald. Es ist eine ganz dumme Brücke. Es ist ziemlich enttäuschend«, hat mich Bob, der Barkeeper vom »Anchor«, schonend vorbereitet.

Es ist kein dummer Wald. Es ist keine dumme Brücke. Aber trotzdem.

»Es ist ein ganz dummer Wald. Es ist eine ganz dumme Brücke«, bereite ich Marco de Valdivia, den Starfotografen, schonend vor.

»So ein schöner Wald! So eine schöne Brücke!«, kräht er.

Er hat nämlich seinen *Pu* gelesen (und auch sonst so ziemlich alles), und er freut sich, weil er am Originalschauplatz ist. Dann fällt er in den Bach.

Wir steigen auf die gar nicht mal so dumme Brücke und spielen Pustöckchen, bis er wieder trocken ist.

Trockene Starfotografen sind fast noch besser als nasse.

(Und während ich dies schreibe, spielt im Radio die Kapelle Poohsticks aus Wales das Lied *Tonight*. Haben wir eine Rockgruppe namens Emil und die Detektive? Haben wir nicht? Dann wird es Zeit.)

Man hat A. A. Milne vorgeworfen, dass er, der flammende Pazifist, im Ersten Weltkrieg nichts Flammendes gegen den Krieg geschrieben hat. Das Flammendste war wohl, dass er – als Signaloffizier an der Front – kaum noch etwas schreiben konnte, aus Ekel, Scham und Wut.

»Wenn ich dies überlebe«, schrieb er seinem Bruder, »werde ich die Liebe neu erfinden. Wer meine Frau und mich besuchen kommt, muss mir die linke Hand drücken, denn mit der rechten halte ich Händchen.«

Für mich ist das flammend genug.

Im Zweiten Weltkrieg feierte er Großbritanniens Eintritt in den gerechten Krieg damit, dass er zusammen mit seinem Sohn alle Landkarten im Garten vergrub, damit sie nicht den Deutschen in die Hände fallen. Liebend gern hätte ich sie wieder ausgebuddelt, damit sie doch noch einem Deutschen in die Hände fallen. Aber das wäre wohl zu weit gegangen. Die Familie, die jetzt dort wohnt, bringt, auch ohne dass ich im Garten wühle, genug Fassung auf. Vor ihr wohnte hier Brian Jones, der Rolling Stone, und anstatt sich des Lebens, des Hauses und des Gartens zu freuen, ertrank er im Schwimmbecken.

An seinem Todestag kommen die Pilger, fragen, ob es stört, wenn sie ein wenig trauern, und ziehen sich am Pool die Kassetten rein.

»Seltsamerweise – aber warum sage ich eigentlich ›seltsamerweise‹? So seltsam ist es vielleicht gar nicht –, seltsamerweise«, sagt Mr. Johns, der jetzt hier wohnt, »sind die Stones-Freaks viel höflicher und rücksichtsvoller als die Pu-Freaks.«

Ich rufe Christopher Robin an, den es tatsächlich gibt, um ihm zum 70. Geburtstag zu gratulieren, und so satt er es hat, als ewiges Kleinkind zu leben, so sehr freut ihn der Spruch mit den rücksichtslosen Pu-Freaks.

Er hat sich weit zurückgezogen von dort, wo man

ihn aufspüren könnte, denn so einfach ist es nicht, der zweitpopulärste Mensch von England zu sein. Er hat drei Bücher geschrieben, die Stühle, auf denen er sitzt, sind selbstgetischlert, und der Apfelwein, mit dem er seinen 70. Geburtstag feiert, ist selbstgekeltert.

Schon als Kind musste er sich selbst spielen: als Kind. Da wurde zum Beispiel ein historisches Dramolett inszeniert, die Geschichte des Ashdown Forest, mit Normannen, Hexenverbrennung und Steuereintreibern.

Am Schluss trat Christopher Robin als Christopher Robin mit seinem Bären auf. Nach dem Historienspiel sagte seine Nanny besorgt, er sei heiser gewesen und er habe sich doch wohl nicht verkühlt?

»Bei historischen Dramoletten«, fertigte er sie ab, »bin ich immer heiser.«

Die Milnes und das Theater.

A. A. Milne hat einen »Vorhangöffner« nach dem anderen geschrieben, einen tollen ersten Satz, und für das übrige Stück fehlte ihm dann der Mut. Als er doch mal einen Einakter fertig hatte, sagte ein Freund, er solle nun auch etwas Abendfüllendes liefern, drei Akte, aber mindestens. Daraufhin kaufte sich Frau Daphne Milne, um ihn zu erpressen, ein Abendkleid für die Premiere, und Milnes Karriere als Gesellschaftsdramatiker hatte begonnen.

Es ist alles so verzaubert. Und die Menschen zerstören den Zauber nicht, sondern sie bevölkern ihn. Sechs japanische Teenager spielen hingegeben Pustöckchen: Auf der einen Seite der Brücke wirft man Stöckchen ins Wasser, dann rennt man auf die andere Seite und wartet ab, wessen Stöckchen als erstes angetrieben kommt. Und der Bach ist träge und voller Strudel, und man kann nicht schummeln, und die Japanerinnen vergessen zu knipsen.

Obwohl es etwas zu knipsen gäbe. Auf einer Wiese steht ein kreisrundes Gatter für die Pferdedressur. Wenn man in diesem Gatter lange genug Pferde dressiert und dann das Gatter wieder weggeräumt hat, entsteht ein kreisrundes Zeichen, ein kreisrundes Zeichen, wie es die Marsmenschen gern in Südengland hinterlassen, wenn es ihnen auf dem Mars zu fad ist.

Nachdem ich Christopher Robin erwähnt habe, der nicht erwähnt werden wollte, und nachdem ich die Marsmenschen erwähnt habe, die erwähnt werden wollen, weil sie sonst ihre dämlichen kreisrunden Trampeldinger nicht hinterlassen hätten, muss nun die Belegschaft des »Anchor« erwähnt werden, denn die hat ausdrücklich darum gebeten. Ach, wie ungern ich das tue. Aber versprochen ist versprochen.

Juan: Flambiert am Tisch, ohne sich den Schlips anzusengen. Kennt Pu und liebt das Meer.

Karen: Hat den gesamten Hoteltrakt unter sich (alle

beiden Zimmer) und das Frühstück und auch sonst so ziemlich alles und weiß notfalls auf Befragen, wo Brian Jones beerdigt ist.

Bob: Hatten wir schon.

Die bösen Hunde: Beißen einen, machen sich aber sonst nicht weiter mausig.

Percy: Gast. Fahrensmann. Liebt das Meer und kennt Pu.

Michael, der Zweitkoch: Hat sich in mich verknallt. Was soll ich machen. Immerhin. Ein Koch. Lieber wäre es mir, wenn sich Sylvia vom Nebentisch in mich verknallt hätte. Aber man kann, wie gesagt, nicht alles haben.

Alles wäre ja auch ein bisschen viel.

❖

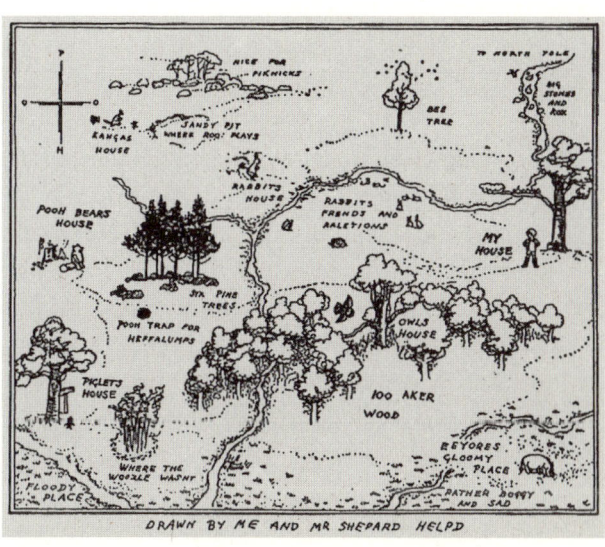

»Die Gegend hier ist so voller Wunder«, sagt Mike Ridley von *Pooh Corner*, »dass es mich nicht wundern würde, wenn ich irgendwo verschollene *Pu*-Kapitel entdeckte. Man muss es ja nicht so blöd anstellen wie bei den Hitler-Tagebüchern im *stern*.«

»Und ich lasse dich dann zehn Jahre lang klotzig reich damit werden, dann decke ich den Schwindel auf und lebe meinerseits wieder zehn Jahre davon.«

»Wir dürfen nur«, sagen Mike und ich, wieder im Chor, »nichts davon an die Öffentlichkeit dringen lassen.«

POOH'S CORNER

1989

VIER SOLDATEN

Was mir an dem Prozess wg. *Soldaten sind potenzielle Mörder* auffiel, war, dass *the big brass,* die Burschen mit den vielen Orden, sich nur beim ersten Mal im Gerichtssaal aufhielten. Bei der Berufung, als sich abzeichnete, dass sie verlieren, war nur noch der »Jugendoffizier« Herr Sowieso da. Und Herr Sowieso musste ja sowieso da sein, weil er doch geklagt hatte, der arme Schatz.

Daher meine erste These: *Berufssoldaten sind Feiglinge.*

Ich will das an vier Soldaten erläutern, die mir nahestehen; notfalls ziehe ich noch meinen Schwager Klaus hinzu, aber der ist eher Flieger und erst in zweiter Linie Soldat, und außerdem steht er mir näher als die anderen vier Soldaten.

Soldat A erkennt früh, dass er zu blöd für was anderes ist, und wird Karriereoffizier, obwohl er Klavier spielen kann und auch sonst das Zeug zu einem Kellner hat. Ohne ein einziges Mal Pulverdampf gerochen zu haben, wird er Sprecher eines Verteidigungsministers und späteren Bundeskanzlers, macht auf meine (i.e.: Hans F. Steuerzahlers) Kosten mehrere Segelscheine, lässt sich, weil ihm seine bisherige Mausi zu feldgrau erscheint, scheiden, muss, weil wichtig, ständig umziehen, zeigt in Den Haag, Madrid, Sandhurst und Washington, dass er keine Fremdsprachen kann. Muss sich im Pentagon immer wieder zeigen lassen, dass es fünf Ecken hat. Rang: Oberstleutnant.

Soldat B erkennt früh, dass er zu blöd ist fürs Abitur, und will Verleger werden. Das gelingt nicht recht, und der 1. Weltkrieg enthebt ihn all dessen: Er wird Flieger und wirft Bomben ins Wasser. Im 11. Weltkrieg wird er, zu früh aus der Emigration heimgekehrt, wieder Flieger und wirft wieder Bomben ins Wasser, bis er »wg. politischer Unzuverlässigkeit unehrenhaft aus Heeresdiensten entlassen« wird. Kurz vor dem Endsieg beauftragt man ihn mit der Bildung des Volkssturms Berlin-Grünheide, welchen er geschlossen in sowjetische Kriegsgefangenschaft überführt, aus welcher er, der Volkssturm, einen Tag später geschlossen zurückkehrt. Rang: Hauptmann.

Soldat C erkennt früh, was andere zu spät oder nie erkannt haben, und geht nach Spanien, ein bisschen im Bürgerkrieg kämpfen. Als er dort verloren hat, kämpft er in der Résistance ein bisschen weiter. Als er dort gewonnen hat, lässt er sich das nicht anmerken. Rang: *comandante* (sage ich mal so; *chawér* ist der richtige Rang, und das heißt *Freund, Bruder* und: *Genosse).*

Soldat D erkennt früh, dass es auch angenehmere Arten gibt, wenn man sich unbedingt Schweißfüße holen will, und außerdem ist er von Soldat B und C zu sehr geprägt, als dass er in die alte Nazi-Armee von Speidel und Heusinger eintreten wollte. Deshalb zieht er sich in der U-Bahn zur Musterung zwei Roth-Händle rein (nicht geraucht: gefressen), lutscht zwei Nescafé-Alus (wie der ausgebuffteste Trucker; mein Gott, war ich damals schon vorne … Yiiiiiihuuuu!), atmet vor den zwanzig Liegestütz tief aus und hält die Luft an (dafür brauchst du Gottvertrauen und Kondition, mein Alter), und ist dann tatsächlich KURZSICHTIG!!! Schade. Wenn sie mich nämlich doch genommen hätten (und in meinem Jahrgang haben sie jeden genommen; hatten ja nichts Besseres; wen hätten sie sonst nehmen sollen), hätte ich verweigert, *aus Gewissensgründen,* und dazu musste man damals Christ sein oder ähnlich Abartiges, dann, ja, *dann* hätte ich großzügig ein Jahr draufgelegt und gesagt: »Ich geh zur Marine.« (Und natürlich alles an Mischa Wolf verraten: »Links heißt backbord« und ähnliche Feinheiten.) Rang: Ersatzreserve II.

Vier Soldaten. Vier Schicksale.

Soldaten sind potenzielle Mörder? Möglich. Das sind wir alle.

Soldaten sind zum Sterben da. Sórum wird ein Schuh draus. Nun zeigt mal, was ihr könnt. Nun sterbt mal schön. Rekruten natürlich nicht; dass wir uns da nicht missverstehen. In Hamburg zum Beispiel, im alten HSV-Stadion, um die Ecke von dort, wo ihr mich einst gemustert habt: Sterbt, sterbt, sterbt. Da zahl ich dann auch Eintritt. Zum allerletzten Mal.

WARUM DIE ZEHN GEBOTE
AUF ZWEI GESETZESTAFELN STEHEN

Jubel und Jammer: Dazwischen spielt sich wenig ab.

Jubel ist angesagt, wenn einem in den Medien jemand begegnet, den man persönlich kennt. Das gibt noch mehr Promi-Punkte, als wenn man Ulrike von Möllendorff beim Einkaufen sieht. Denn Ulrike von Möllendorff kennt man ja schon aus den Medien, und erst dann sieht man sie beim Einkaufen, während man sich gleich anders fühlt, wenn man jemandem begegnet, mit dem man von Hamburg bis Osnabrück Speisewagen gefahren ist und ihm erst dann in den Medien begegnet, so dass man sagen kann: »Ich hab' schon immer gewusst, was in ihm steckt.«

Im *Spiegel* 47/89 las ich: »... wetterte der Akademische Rat Roman Viorel aus Bremen gegen die ›Dracula-Legende‹ des westlichen Rumänienbildes und lobte Ceaușescus KZ-Staat als ›Insel der Stabilität inmitten der Unruhen im ganzen kommunistischen Lager‹.«

Das ist Grund zum Jubel, denn mit dem Rumänen Roman Viorel bin ich mal von Hamburg bis Osnabrück Speisewagen gefahren (um mir eine von Joel Schnees zaubrischen Choreographien anzusehen, aber Joel Schnee bringt womöglich noch mehr Promi-Punkte und kommt erst später). Ein Wort gab das andere, und ich erzählte Roman Viorel den Witz, in welchem er-

klärt wird, warum die Zehn Gebote auf zwei Gesetzestafeln stehen.

Warum die Zehn Gebote auf zwei Gesetzestafeln stehen

Denn man hätte ja auch eine große nehmen können,
auf der alle zehn genügend Platz haben. Aber nein, es
sind zwei Tafeln: einmal fünf Gebote, dann noch mal
fünf Gebote. Es war nämlich folgendermaßen. Als Gott
Sich Seine Zehn Gebote ausgedacht hatte, fragte Er alle
Völker dieser Welt, ob sie vielleicht Verwendung für
zehn Gebote haben. Fragt Er die Deutschen: »Braucht
ihr vielleicht zehn Gebote?« Fragen die Deutschen:
»Was steht drin?« Als die Deutschen hören *Du sollst nicht
töten,* sagen sie: »Nein, vielen Dank.« Fragt Gott die
Franzosen: »Braucht ihr vielleicht zehn Gebote?« Fragen die Franzosen: »Was steht drin?« Als die Franzosen
hören *Du sollst nicht ehebrechen,* sagen sie: »Nein, vielen
Dank.« Fragt Gott die Rumänen: »Braucht ihr vielleicht zehn Gebote?« Fragen die Rumänen: »Was steht
drin?« Als die Rumänen hören *Du sollst nicht stehlen,*
sagen sie: »Nein, vielen Dank.« Fragt Gott die Juden:
»Braucht ihr vielleicht zehn Gebote?« Fragen die Juden:
»Was sollen sie kosten?« Als die Juden hören: »Wieso …
Gar nichts«, sagen sie: »Zwei Stück.«

Als wir in Osnabrück aussteigen, fallen mir klirrend
und klappernd die Bundesbahn-Bestecke aus der *Zeit.*
Es war nämlich Donnerstag, und ich hatte mir die *Zeit*
gekauft, und in meine zusammengerollte *Zeit* hinein
hatte der diebische Rumäne MesserGabelLöffel ge-
packt, um den Verdacht von sich abzulenken.

Denn das ist nun der Jammer: Vorurteile stimmen.

Ich, der mörderische Deutsche nämlich, ich hätte ihn *um*bringen können. Und Joel Schnee, der Jude, der, wenn es etwas umsonst gibt, es doppelt haben will, der hing oben im Schnürboden seines Theaterchens und weinte salzige Tropfen auf seine Tänzerinnen herab, weil sie so gut waren, war wie eine Spinne festgekrallt zwischen Hoffnung und frühem, frühem Tod, anstatt in der zweiten Reihe links zu sitzen und sich nach geglückter Premiere zu verbeugen und es damit gut sein zu lassen.

Und wo bleibt bei all diesem der ehebrecherische Franzose? Der ehebrecherische Franzose, der kann sehen, wo er bleibt. Um den brauchen wir uns keine Sorgen zu machen. Der bleibt erst mal bei seines Nächsten Weib und zeigt ihr, wie's gemacht wird, das *Entrecôte double* an Blattspinat.

1990

DIE INDIANEREINSTELLUNG

Das ist das, was ich die Indianereinstellung nenne. Die Indianereinstellung? Die Indianereinstellung geht so: Der Film zieht sich hin, Richard Widmark lacht irre, Henry Fonda blickt besorgt, das Drehbuch ächzt und krächzt, und dann wird es plötzlich still. Richard Widmark gefriert das irre Lachen, Henry Fonda blickt noch einen Tick besorgter, und dann haben wir die Bescherung. Die gesamte Hügelkette ist mit kostspieliger berittener Komparserie vollgestellt.

Halblaut sagt Richard Widmark zu Henry Fonda: »Indianer!«

Henry Fonda blickt besorgt zum anderen Horizont. Leben heißt Hoffen. Aber wieder nichts. Wieder nur Indianer. »Sie sind uns«, sagt er mit tonloser Stimme, und das ist die Unverschämtheit, »die ganze Zeit gefolgt.«

WENN IHR NICHT DIE GANZE ZEIT DIALOG GESPROCHEN HÄTTET, ist man versucht zu schreien, HÄTTET IHR DOCH GEMERKT, DASS EUCH VIERTAUSEND KOMPARSEN AUF DEN FERSEN SIND. Denn das merkt man doch. Da können sich die Komantschen noch so sehr die Hufe mit alten Socken umwickeln. So was merkt man immer. Als ich vor drei Jahren in Ost-Berlin war, habe ich gedacht:

»Dir, meine liebe DDR, gebe ich noch drei Jahre. Aber dann ist Schluss.« Denn man durfte ja in der DDR nicht über die Straße gehen, wo man nicht über die Straße gehen durfte. Und ich hatte ein schlimmes Knie und musste durch einen Fußgängertunnel, anstatt einfach so zackoflex über die Straße zu gehen. In diesem Fußgängertunnel war ein Schild, auf dem Schild stand RAUCHEN VERBOTEN. Bis zum Ende des Tunnels, Leben heißt Hoffen, schaffe ich es, ohne zu aschen. Hätte ich auch geschafft. Aber dann kam eine Uniform und belferte mich an: »Hier herrscht Rauchverbot!« Das war *the straw that broke the camel's back* beziehungsweise der Tropfen, der das Fass zum Überlaufen brachte, und ich habe zurückgebelfert: »Vielleicht bei Ihnen, aber bei mir nicht.« Da schleppt man sich mit einem schlimmen Knie eine Treppe runter, anstatt zackoflex wie zu Hause über die Straße zu gehen, wo es einem passt, und dann das. Zivilcourage zum Nulltarif. Aber dann setzte er ganz groß an, wollte mich offenbar über seine Rechte belehren, bevor er mich mit der Aktentasche erschießt, aber irgendwie verlor er plötzlich die Lust daran, denn um uns herum standen sie, die Indianer. Sie waren uns nämlich die ganze Zeit gefolgt. Die Ureinwohner in Zivil. Die Fußgängertunnel-Intifada. »Euch gebe ich noch drei Jahre«, habe ich gedacht, »aber dann seid ihr dran.«

»Weißt du eigentlich«, hat mich mal mein Freund Jupp gefragt, »warum ich so ein ehrlicher Mensch bin?«

»Ich weiß es nicht. Warum bist du so ein ehrlicher Mensch?«

»Weil man zum Lügen ein gutes Gedächtnis braucht. Und ich kann mir doch nichts merken.«

Und um das zu beweisen, packte er sich ein Stück Notenblatt aufs Cembalo und spielte etwas Bach. Nach dem Bach sagte ich, um meine Beeindrucktheit zu verbergen: »Kannst du das auch rückwärts?« Jupp sagte, völlig zu Recht: »Blödmann« und spielte es rückwärts.

»Na?«

»Ja.«

»Klingt wirklich genauso gut wie vorwärts. Komm, wir gehen einen zischen.«

Und viertausend Komantschen folgten uns, und Jupp lachte und zog den Bauch ein, um ihn wieder vorschnellen lassen zu können, weil er einen Geschäftsfreund aus Deutschland vormachte, welcher, von einem französischen Bettler angehauen, all sein Vrounzais zusammenraffte und sagte: *»Jeune homme – travaillez!«*

Arbeiten. Da können wir ja nur lachen. Arbeiten tut man, aber man lässt es sich nicht anmerken. Arbeiten müssen die Komparsen. »Linke Hügelkette! Alles da?« *Huubababa, huubababa.* »Rechte Hügelkette! Ich *sehe* nichts!« *Huubababa, huubababa,* macht die Trommel.

Und mein Freund Jupp? Mein Freund Jupp ist seit einiger Zeit tot (behauptet er zumindest) und heißt mit vollem Namen Josef Müller-Marein und ist Miterfinder der Zeitung, die Sie, ja, Sie, in Händen halten. Woher ich das weiß? Blicken Sie mal auf zur Hügelkette. Wir sind Ihnen nämlich die ganze Zeit gefolgt.

FRÜHSTÜCK OHNE BLAULICHT

Als ich neulich einen Leserbrief las, endete dieser mit den Worten »… mit anderen Worten: Wir brauchen viel mehr Artikel, die mit den Worten ›Als ich neulich‹ anfangen, falls Sie verstehen, was ich meine.«

Das versteh ich voll und ganz.

Es bedeutet die Sublimierung des Speziell/Persönlichen zum Allgemeingültig/Menschlichen, es bedeutet »Ich bin du«, es bedeutet Leser-Bär-Bindung, es bedeutet »Wir sind das Volk, nur ich gottlob nicht und du deshalb auch nicht.«

Als ich neulich einen ganz großen Triumph hatte, da ging das folgendermaßen vor sich. In meiner Stammkneipe erzählte ich zwei vage mit mir befreundeten Herren einen Witz. Blau und Goldenberg gehen in der Abenddämmerung über ein Stoppelfeld. Da huscht ein kleines Tier von hier nach dort. Fragt Blau Goldenberg: »War das eine Maus oder eine Ratte?« Sagt Goldenberg zu Blau: »Bin ich ein Kürschner?«

Wenig später kamen wir auf die deutsche Frage zu sprechen, und ich sagte, mein Lieblingskandidat für das Amt des Deutschen Kaisers wäre Stefan Heym. Ideale Integrationsfigur, kann sich seine Reden selbst schreiben, hat was gesehen von der Welt, sieht irgendwie aus wie König Drosselbart, sächselt milde, so dass sich die ehemalige Deutsche Demokratische Republik voll repräsentiert fühlen kann, kurz: ein Kaiser zum Anfassen und Liebhaben. Außerdem wäre das Ausland beruhigt, denn wenn wir uns einen jüdischen Kaiser leisten, haben wir ja wirklich was dazugelernt.

Das war auch alles gut und schön, und von ein paar unsachlichen Zwischenbemerkungen seitens der vage mit mir befreundeten Herren abgesehen – *Und Kaiserin wird dann Caroline von Monaco* sowie *Heym ins Reich* –, drang ich mit meinem Vorschlag auch recht gut durch, sagte aber leider einmal aus Versehen statt Stefan Heym *Georg* Heym (dt. expressionistischer Dichter, 1887–1912).

Daraufhin wurde ich von den beiden vage mit mir befreundeten Herren mit Hohn überschüttet, konterte aber, und nun kommt der Triumph: »Bin ich der ›Kürschner‹?« Das muss man sich mal vorstellen. Einmal der pelztierverarbeitende Handwerksberuf und gleich darauf das Literaturnachschlagewerk. Auf so einen Triumph kann man lange warten. Habe ich ja auch getan. Nun ist erst mal wieder für längere Zeit Schluss.

»… außerdem«, stand in dem Leserbrief, »wollen wir etwas von fernen Ländern erfahren, von Reisen, von Land und von Leuten.«

Auch dieser Wunsch lässt sich erfüllen, sogar kombiniert mit dem ersten.

Als ich neulich in Göppingen war, um aus meinen Übersetzungen vorzulesen, sagte ich zu dem veranstaltenden Buchhändler: »Normalerweise habe ich eine Zusatzklausel in meinen Verträgen, dass wir danach nicht zum Griechen gehen.« Wir gingen natürlich doch zum Griechen, daher die Zusatzklausel, und der Grieche hatte einen wunderbaren selbstgebrannten *Tsípouro,* einen Tresterschnaps, mit Ouzo-Aroma aromatisiert von der Firma Curt Georgi in Böblingen. Übernachten sollte ich bei einem literaturbewanderten Kriminalbeamten beziehungsweise im Kinderzimmer, im Bett seiner kleinen Tochter, die diese eine Nacht im Elternbett verbringen durfte. Man hatte ihr zwar eingeschärft, auf keinen Fall den fremden Onkel zu wecken, sie wollte aber doch mal sehen, wer in ihrem Bettchen schläft, und schlich herein, um mich zu betrachten. Was ich nicht wusste, war, dass an diesem Tag in Göppingen eine Parade stattfinden sollte, und die Kriminalbeamtentochter war bereits als Sonnenblume verkleidet. Wie reagiert man, wenn man morgens als Allererstes von einer wildfremden Sonnenblume angestarrt wird? Man schiebt es auf den *Tsípouro:*

»Sei froh, dass sie nicht als weiße Maus kostümiert war«, versuchten mich die stolzen Eltern zu trösten, aber als sie mich zum Bahnhof fuhren, verlangte ich, dass Vater zur Entschädigung seine Kojak-Lampe aufs Dach klebt und ordentlich Sirene gibt. Hat er aber nicht getan, und seitdem bin ich verdrossen, denn sonst hätte ich diese Kolumne ganz anders beginnen lassen können.

Als ich neulich mit Blaulicht und Martinshorn durch Göppingen brauste, schienen Himmel und Erde zu …

Und wieder nichts.

DER GERSTNER, DER GREDINGER
UND DER KUTTER

Weil ich früher mal Werbefiffi gewesen bin, war ich neulich auf ein Fest eingeladen. Wolf Rogosky, der Leiter von GGK Europa, wurde fünfzig. GGK heißt Gerstner, Gredinger & Kutter. Robert Gernhardt sagt, das hört sich an wie ausgestorbene Berufe: der Gerstner, der Gredinger und der Kutter. »Der Gerstner, der Gredinger und der Kutter …«, sagte ich sinnend vor mich hin, und Robert vollendete den Satz: »… die saßen all' beisamm' und schimpften auf den Luther, der niemals pünktlich kam.« Da hat der Luther ganz schön selbst Schuld, denn es war ein total tolles Fest. »Luther, Luther«, sagte Robert, »wenn ich das schon höre. Außer Thesen nix gewesen.« Das Fest fand in Maisons-Laffitte statt, wohin man, wenn man weiß, wie's gemacht wird, ganz leicht von Paris aus mit der S-Bahn kommt. »Was soll ich in der City«, frug Robert. »Ich bleibe in Laffitti.« Es gab Austern und Couscous und außer gefilte fish so ziemlich alles, was köstlich ist, und einen Senegalesen mit einer Zauberlaute und eine Country-&-Western-Kapelle und ein Indio-Duo (*Indio-Duo* ist ein schönes Wort; eigentlich träume ich ja davon, einmal im Leben *Lucky-Luke-Look-Alike* hinschreiben zu dürfen, aber ich finde nie den richtigen Schlenker), und die Sonne schien, und so weit das Auge reichte, staksten 2,30 m große schwedische Models mit ganz kleinen Hunden durch die Gegend. »Genau so«, dachte ich, »würde ich, wenn ich es hätte, mein Geld auch ausgeben.« Das Geburtstagskind bekam einen Trabi geschenkt und eine Harley-Davidson, mit der fährt es jetzt um den Trabi herum. Die Harley wurde von einer blonden Stuntlady in schwarzem Leder angeliefert, die schon fünfmal die Rallye Paris–Dakar gewonnen hat. »Lieber Sydne Rome«, sagte ich, »als Paris–Dakar.« Den Spruch habe sie durchaus schon das eine oder andere Mal gehört, sagte die Stuntlady. Um mich zu trösten, habe ich ganz schnell gegen Paul Gredinger, das 2. G von GGK, im Armdrücken verloren, woraufhin ich, wieder um mich zu trösten, von Claudine zum Tanzen aufgefordert wurde. Ich freute mich auch sehr, weil Claudine so klein ist, dass ich dachte, ich kann sie prima an die Wand schmeißen, und außerdem hat sie die richtige Hautfarbe, mithin den Rhythmus im Blut, aber Claudine tanzt leider wie eine Debütantin von der Elbchaussee. Und an die Wand geschmissen hat *sie mich*. Es war also alles sehr erfreulich, und Jake, der Frontman der Country-&-Western-Kapelle, sagte zu mir: »Du passt auf *den* Teil der Party auf und ich auf *diesen*.« Mit imaginären Walkie-Talkies hielten wir einander über den Fortgang der Fete auf dem Laufenden. »Hier alles ruhig. Over.« – »*I'm readin' you loud and clear. Ten-Four. Over and out.*« Jake bat mich, ein verdächtiges Subjekt in Zone 7 zu observieren, aber da es sich bei der Zielperson um Klaus Imbeck von *Geo* handelte, war mir der Auftrag zu riskant. Etwa achtzig Prozent der Feiernden waren Werber. Die Normalos begrüßten einander mit den Worten »Na, was machst du denn gerade?« Die Werber sagten: »Na, wo bist du denn gerade?«

Und weil ich früher auch mal Schüler gewesen bin, war ich neulich auf einem Klassentreffen. Achtzig Prozent der Anwesenden waren Lehrer geworden. Die Normalos begrüßten einander mit den Worten »Na, was machst du denn gerade?« Die Lehrer sagten: »Na, wo bist du denn gerade?« Ob diese Koinzidenz etwas zu bedeuten hat und, wenn ja, was, das wage ich nicht zu beurteilen. Ich kam mir jedenfalls vor wie der Hai im Hechtteich, ich, der Macher, im Gegensatz zu den nur Seienden. Das hielt aber nicht lange vor. Denn am nächsten Tag, beim 801. Hamburger Hafengeburtstag, fuhr ich in einem Amüsiermobil, und der Einpeitscher kommentierte: »Der Herr in Gondel 6 gurgelt bereits mit dem Kartoffelsalat; jaja, hier geht es ab, hier steppt der Bär, hier boxt der Papst im Kettenhemd.«

CRY BABY!

Drei Fragen höre ich immer wieder. A: Wie wird man Filmkritiker bei der *Zeit*? B: Was macht man, wenn eine Kritik abgelehnt wird? C: Wann gibt es endlich wieder eine Filmkritik von Ihnen zu lesen?

Antwort A: Indem man so was wie s. u. nicht oder ganz anders schreibt. Antwort B: Man schiebt sie in seine Kolumne. Antwort C: Subito.

»Kuck' mal wer da spricht!«,
von Amy Heckerling

Davon abgesehen, dass man den Apostroph von *Kuck* getrost als Komma in *mal wer* hätte verwenden können, so dass der Titel in ze Cherman lenkvich *Kuck mal, wer da spricht!* gelautet hätte …

Und schon hab ich keine Lust mehr.

Wie scheucht man Menschen, die einem nahestehen (und das sind Sie, weil Sie sich die Mühe machen, dies zu lesen), ins Kino, damit sie sich einen Film ansehen, der schön ist und zum Lachen? Wie scheucht man, wenn man nur das amerikanische Original gesehen hat von einem Film, der eher ein Hör- als ein Kuckfilm ist? Wie scheucht man Menschen, denen man rundherum nichts lieber wünscht als einen Film, wenn man die deutsche BeARBEITung noch nicht kennt? Wie scheucht man Menschen ins Kino, ohne ihnen die

Handlung und die Highlights zu erzählen und dann zu sagen: So, ihr Blödis, den schäbigen Rest könnt ihr euch selbst ansehen. Wie scheucht man überhaupt?

Genau. Indem man die Handlung und die Highlights erzählt. Obwohl es unredlich ist.

Es geht hier um ein Spermatozoon namens Mikey, welches allmählich zum Anderthalbjährigen heranwächst, und weil man in dieser Altersklasse noch nicht viel zu sagen hat, bedient sich der Film des *Voice-Over*. Das *Voice-Over* ist eine Technik, die man aus Nazi-Wochenschauen kennt. Und von der ehemaligen *Aktuellen Kamera*. Überhaupt aus dem Fernsehen. *Weltspiegel* oder so. Jemand wird etwas gefragt, und wenn der das Unglück hat, kein Deutscher zu sein, macht er das Maul auf, sagt drei Wörter (»*Well ... Actually ... I should say ...*«), und schon wird er leisegeblendet, und man hört, was er, wenn er nur könnte, auf Deutsch gesagt hätte, denn: Ihn einfach labern lassen und das Ganze mit deutschen Untertiteln versehen, das, *yok,* das wäre zu einfach und zu kostengünstig. Außerdem würde es voraussetzen, dass der Zuschauer lesen kann.

Von den sechs Kanälen, die ich empfangen kann, ist Sat.1 der einzige, der ungebrochen an der schönen Tradition des deutsch-deutschen *Voice-Over* festhält: Im Hintergrund siehst du, wie jemand spricht (auf Deutsch), und im Vordergrund hörst du, wie dir jemand sagt, was der Typ gerade sagt (auf, na ja, Deutsch).

Das Gegenteil ist der Innere Monolog. Da sieht man, wie jemand nichts sagt, und hört, was er denkt. Mal ist das Maul offen, mal ist das Maul zu. Bei *Voice-Over:*

offen. Bei Innerem Monolog: zu. Bei Sat.1: Arsch offen. So kann man sich das merken.

Unser Held zum Beispiel, frisch geboren, blickt unverwandt in diese Welt, die diese unsere ist und noch nicht ganz die seine (wie neugeboren: Jason Schaller), und beschließt, erst mal zu ... erst mal zu ... Die Musik setzt ein, djampampampú, djampampampú, er reißt das Maul auf, und ... Und Janis Joplin schreit: »CRY BABY!« Das ist das *Voice-Over.* Überhaupt die Musik. Man kann den Film mit verbundenen Augen ansehen, auch wenn man keine wie auch immer gearteten Sprachen versteht; die Musik reißt ihn jederzeit raus.

Und bei diesen vielen traumhaften Bären-, Hunde- und sonstigen Viecherfilmen wartet man doch immer im Nachspann ab – falls man, was die wenigsten Filmkritiker tun, den Nachspann abwartet –, wer die Hamster, Flöhe, Mäuse, Biber und Bären so wunderbar trainiert hat. Na ja, sagt man sich, Hamster, Flöhe, Mäuse, Biber und Bären könnte ich zur Not auch dressieren, aber *kleine Menschen?* Die vier kleinen Menschen, die den Helden spielen (nach Jason Schaller in chronologischer Reihenfolge: Jaryd Waterhouse, Jacob Haynes, Christopher Aydon), wurden von

Marji Wollin

abgerichtet. Sie ist der eigentliche Star des Films. Der andere Star spielt einen Taxifahrer mit Bierbauch, unrasiert (nein; kein Dreitagebart; schlicht unrasiert), schielt anheimelnd aus zwei klugen blauen Augen heraus und hat ansonsten null Tscheckung: John Travolta. Zwei Tanzszenen hat er auch. Wegen früher.

Wie also scheucht man jemanden in einen Film, von dem man sonst nichts verraten will?

Man scheucht.

So weit meine abgelehnte Filmkritik. So weit meine Kolumne. Wenn diese Kolumne ebenfalls abgelehnt wird, werde ich trotzdem versuchen, sie in *Die Zeit* zu schmuggeln. Als Filmkritik.

ICH UND SCHMIDT-BARGFELD

Ich bin gestern dermaßen mit Klugheiten zugeschüttet worden. Mal sehen, ob ich das so wiedergeben kann, dass man was davon hat.

Im Literaturhaus Hamburg hatte mein Freund Bernd Rauschenbach, Herauschgeber des Rausch-RABEn (Wenn Sie sich sehr beeilen, hat Ihr Buchhändler vielleicht noch vierzig Exemplare für Sie), Erster Sekretär der Arno-Schmidt-Stiftung und myopischer Zecher, ein Referat angekündigt: »Arno Schmidt und Design«.

»Na«, dachte ich, »Etikettenschwindel«, dachte ich. »Die Pusche«, dachte ich, »im Wandel der Zeiten«, dachte ich, »unter besonderer Berücksichtigung der dunkelbraunen Blechschließe. So was kennt man ja.«

Nichts kennt man. Es ist viel schlimmer.

Und fing natürlich mit einem Hörfehler an. Ohne Hörfehler gäbe es keine Sprachen. Nichts gegen Hörfehler. Ohne Hörfehler hieße der Fels des Nordens, der Dschebel al-Tarik, nicht Gibraltar; ohne Hörfehler hieße Sherry nicht Sherry; ohne Hörfehler gäbe es keine Affäre Dreyfus, sondern bestenfalls eine Affäre Trier, und ohne Hörfehler hätte der Elefant von Sulawesi hinten nichts Gelebes. Und es gäbe keine Hamburger Aalsuppe.

»Arno Schmidt und die Seinen?«, fragte man unter müder Mäzenatenbraue hervor.

»Genau: Arno Schmidt und Design!«, erwärmte sich Bernd Rauschenbach.

»Genehmigt!«, schnappten die Mäzene. »Nun gehe Er ans Werk!«

Ich will nicht die Highlights aus diesem Referat wegzitieren, denn es ist ja auch ein Buch geworden. Kostet nur 48 Mark, dafür ist es auch nicht allzu dick, sogar eher dünn, und man kann es sich schenken, sich gegenseitig; der Autor, Bernd Rauschenbach (er heißt übrigens Rauschenbach, Bernd Rauschenbach, falls Sie sich gefragt haben sollten, wie er heißt), verdient keine müde Mark daran, erst bei der zweiten Auflage; nicht, dass ich hier *product placement* treiben wollte, aber es ist ein schönes dünnes Buch, mit vielen Abbildungen. Und danach weiß man alles über Arno Schmidt und sein Design, was man nicht von den allermeisten anderen Büchern sagen kann.

Nach dem Referat saßen wir alle völlig geplät-tet da, von des deutschen Spießers Wunderhorn – streng konisch! – umgemangelt. »Noch Fragen?«, fragte Bernd Rauschenbach mit einer Nonchalance, die vom Beben seines Schlipsknotens Lügen gestraft wurde.

»Ich bin ja schon spießig genug«, dachten wir, »aber der Herr Schmidt –: Au Backe.«

Keine Frage? Keine Frage. Julia, noch 'ne Lage.

Aber wozu haben wir unsere Frau Else, Frau Else mit ihrem neuen Pullover in sämtlichen Farben der edition suhrkamp.

»Ich hätte da noch eine Frage«, sagte Frau Else.

»?«

»Ist das nicht alles sehr spießig?«

»Doch.«

Erschöpft, aber überglücklich ließ Frau Else sich auf ihren Stuhl zurücksinken; mit eigens mitgebrachten Frottiertüchern fächelte man ihr Kühlung zu; die Glückwünsche wehrte sie ab wie lästige Schmeißfliegen. Was wären wir ohne das freie Wort. Die Streitkultur. Den Kippschalter.

Ich und Schmidt. Auch ein Kapitel für sich. »Was liest du denn gerade?«, fragte mich Christiane, die Einzige, die außer mir in jener Oberstufenklasse Bücher las. »Schmidt«, sagte ich. »Schmidt? Welchen?« – »Und Musik?« – »Soul. James Brown.« – »James Brown? Welchen?« Ist auch Lehrerin geworden.

Dann erschien *Sitara,* und da habe ich mir gedacht: »Ab jetzt, lieber Arno, schreibst du nicht mehr für mich. Ab jetzt schreibst du nur noch für dich und deine Sekte.« Ich meine, ich zwinge doch niemanden, der mir dermaßen deutlich zu verstehen gibt, dass er von mir nicht gelesen werden will, dazu, von mir gelesen zu werden. Man will ihn doch auch nicht quälen, den armen Mann. Das ist der Deal: Du willst nicht, dass ich dich lese, und ich tu dir den Gefallen. Du findest mich zu doof, und ich finde dich zu klug.

Und dann habe ich zwischendurch mal ehrlich gearbeitet. Das heißt, ich hatte nichts zu tun. Zweimal täglich musste ein Gabelstapler mit Ware bewegt werden. Endlos lange Gänge voller Ware und überall Nischen.

Meine beiden Vorgesetzten trieben es den ganzen Tag miteinander und lasen sich zwischendurch Perry Rhodan vor. Ich dagegen dachte mir: »Wann, wenn nicht jetzt, kann ich je den ganzen Arno noch mal lesen?« Und meine beiden Vorgesetzten waren froh, dass ihnen jemand den lästigen Gabelstapler abnahm und, wenn ein noch höherer Vorgesetzter kam, sagte: »Augenblick, ich seh mal nach.«

Ja. Gegen Arno Schmidt als Dichter ist ja auch überhaupt nichts zu sagen. Ich bewundere alle, die etwas können, was ich nicht kann. Wenn jemand Gitarre spielen kann −: Schon wird er von mir bewundert. Wenn jemand laut und schön singen kann −: Schon wird er nicht von mir bewundert. Und wie Goethe auf seine Farbenlehre, so war auch Arno stolz auf seine Übersetzungen. Und die sind so lausig, dass sie schon wieder gut sind, weil unfreiwillig das Original durchschimmert, und das ist ein bildhübsches Bild. Wer glaubt, ein Wort wie *Shish-Kabob-Spleiß* sei noch nicht genug, der weiß nicht viel. Man muss das mal nachschmecken: zu blöd zu schnallen, dass *Kabob* für Amerikaner gedacht ist, so dass man auf Deutsch wenigstens *Kebab* (wenn schon nicht *Kebap)* hätte schreiben können … Und dann auch noch SPLEISS. Es ist nicht zu fassen. Wir dagegen, die wir nur blöd sind, hätten *Schaschlikspieß* geschrieben, und ab dafür.

Aber Arno hat ja die Fackel weitergereicht. Sein gelehrigster und heiligster Jünger ist Hans Wollschläger. Und das geht so. Wie heißt *pint* auf Deutsch? Richtig: *Pinte.*

Und wie würden Sie, liebe *Zeit*-Leserin, lieber *Zeit*-Leser, *a bottle of pop* übersetzen? Nein, nicht, wenn Sie Sie wären, sondern wenn Sie Wollschläger wären? Sagen Sie nichts. Drehen Sie die *Zeit* um:

eine Flasche Popcorn

1991

BLAUÄUGIG. NA UND?

Kaum sage ich was, in diesen Zeiten, zu diesen Zeiten, schon kriege ich zwei Wörter zu hören: »blauäugig« und »Stammtischpolitiker«. Die Leute, die das sagen, sagen das in der Hoffnung, ich würde nun die Klappe halten. Da kennen sie mich aber schlecht.

Denn diese beiden Wörter sind ja wohl das Vermuffteste, Gestrigste, Stumpfste, Dumpfste, Verbohrteste, Verschmorteste, Angegangenste, Wiedergängerischste, Ausgeblutetste, Zugemutetste, Saft-, Kraft-, Stein- und Beinloseste, Verstaubteste, an den Haaren Herbeigeklaubteste, Uncoolste, Unhipste, Mega-Outeste, aus Leitartikeln Zusammengeklauteste, Maueste, Malleste, Alleste, Zickigste, Mickrigste, Blöde/Öde/Schnödeste, das schrägst Gesenkelte, von keinem Gedanken Angekränkelte, Dümmste, Dööfste, was sag ich: das Reaktionärste, was man sagen kann.

Wenden wir uns den beiden Wörtern zu.

Blauäugig: Das ist schlicht rassistisch. Ja, ich habe blaue Augen. Ich bekenne mich dazu. Entsprechend fallen meine Meinungen aus. Ich hatte mich zwar immer bemüht, sie graugrünäugig zu halten, aber nun sind sie eben blauäugig.

Aber Vorsicht. »Man kann sooo blond sein und sooo blaue Augen haben«, sagt Harry v. Kleist, »und doch so falsch sein wie ein Punier.« Blauäugig. Wenn ich das schon höre.

»Sehen Sie das mal nicht so braunäugig«, höre ich mich schon sagen. »Sie geheimnissen da viel zu viel hinein. Nehmen Sie sich ein Beispiel an mir. Ich seh das eher blauäugig.«

Stammtischpolitiker: Dies ist zutiefst antibasisdemokratisch. Von den Segnungen, die der Stammtisch jenen bietet, die einen haben, ganz zu schweigen.

»Nein«, sagt Samuel Johnson, »der Mensch hat bisher noch nichts erdacht, was so viel Behagen schafft wie ein gutes Wirtshaus.«

Ich würde gern zu einem Stammtisch gehören, an dem verkrachte Blauäugige die großen Biere stemmen, und die Farbe der Iris täte, wie so vieles, nichts zur Sache. Sparklub »Harmonie« … Und bei Heimspielen zöge man vereint ins Stadion, um den FC St. Pauli anzufeuern:

NIE WIEDER KRIEG!

NIE WIEDER FASCHISMUS!

NIE WIEDER 2. LIGA!

Und zum Willie-Nelson-Konzert geht man auch geschlossen hin, und wenn einer sagt: »Der ist doch eine Schwuchtel, mit seinen Zöpfen und seinem Konter-Tenor«, dann gibt es aufs Maul.

Aber das wirklich Schlimme an der Injurie »Stammtischpolitiker« ist die Anmutung, man solle doch gefälligst die Politik den Politikern überlassen.

Wenn Politiker wirklich so gut wären, wären sie nicht Politiker geworden.

Dann wären sie in die freie Wirtschaft gegangen und hätten sich welche gekauft.

DAS AUGE LENINS

Ich habe ins Auge Lenins geblickt. In Salzburg.

Und das kam so.

Ich bin auf meine alten Tage Versteller geworden. *Versteller* ist das ausgestorbene jiddische Wort für *Schauspieler*. Ich spiele Schauspielen. Und zwar wo? Wo, wenn nicht – nebbich – in Wien. Das ist auch nicht weiter schlimm; es gibt bestimmt Unangenehmeres; die Kollegen sind – da sie auch alle keine Schauspieler sind – sehr nett, und man könnte sich fast daran gewöhnen, aber es gibt zwei Unannehmlichkeiten. Erstens hat mir niemand gesagt, dass man zum Verstellen Text lernen muss, und zweitens sagt der Kellner – »Hamma noch Eiernockerln fürn Herrn Schauspieler?«; »Tschuldigen, Herr Schauspieler, kommen bittschön direkt von der Probe?« – *Herr Schauspieler* zu mir.

Früher, ja *früher* sagte man in Wien noch – »Der Herr Professor kriegt kan Obstler mehr; der Herr Professor kann ja kaum mehr stehen!« – *Herr Professor* zu mir, was ein mindestens so erschlichener Titel war. Doch dann hinwiederum. Abitur. Nur einmal sitzengeblieben. Großes Latinum. Mit 2. Übersetzt den ganzen Tag Bücher von wildfremden Leuten. Herr Professor. Hat was.

Aber fahrendes Volk mit deutlicher Aussprache? Das schmerzt. »In Italien«, sagte Fellini einst, »gibt es etwa

58 Millionen hervorragende Schauspieler. Der Rest ist bei Bühne und Film beschäftigt.«

Genau. Nur dass Kino eben sehr viel erträglicher ist. Man hat ein Close-up von Clint Eastwoods Augen vor Augen, und man merkt sofort: »Aha, es behagt ihm etwas nicht«, wogegen er auf der Bühne hampeln und strampeln und stöhnen und dröhnen müsste. Weshalb mich keine zehn Pferde ins Theater, aber sehr wohl ins Kino bringen würden (und sehr viel mehr als zehn Pferde waren in Italo-Western eh nie zu sehen).

Wir proben also in Erwartung des Probengeldes fleißig jeden Tag (außer sonntags), bis Kurt Palm, unser Regisseur, ein paar von uns ins engere Vertrauen zieht: »Habts Lust, in Salzburg die ›Zauberflötn‹ zum Spüjn?«

Ich frage: »Muss ich da Text lernen?« (»Naa.«), schlage freudig ein und bekomme den Sarastro. Papagena wird Uschi, die Bühnenbildnerin. Papageno wird Andreas, der eigentlich bei uns den Mr. Shanahan (»Gestatten, Shanahan, absolut unbedeutende Nebenfigur.«) und dessen Alter Ego, den schießwütigen Cowboy »Shorty« Andrews (»Eine Kugel würde ihn von seinen Qualen erlösen. Es wäre ein barmherziger Akt der Vorsehung.«) gibt. Tom, der die vielschichtige Rolle des Mr. Furriskey zu spielen hat, einer missratenen Kopfgeburt, welche, als Wüstling gedacht, das Mädchen, das er unglücklich machen sollte, lieber ehrlich macht und glücklich sieht, *ist* Tamino. Hermes Phettberg (»Kurze Zwischenfrage?« »Ja.« »Ich stürz mich auf die Pamina.« »Ja.« »Nicht auf den Tamino.« »Nein.« »Schade.«), der uns dermaleinst in seiner Interpretation des Onkels des

Helden an die eigens zu diesem Zweck angebrachte Wand spielen wird, lacht den Monostatos.

Bisher konnte Kurt Palm alles aus Bordmitteln besetzen, aber für die Pamina nimmt er Lindy, ein rätselhaftes Mädchen aus Boston, und für die Königin der Nacht hat er sich Mara engagiert, eine Bulgarin mit einem Kleinstkind namens Max an der Brust. Ein internationales Ensemble, to say the least.

In Salzburg regnete es schnürl, die Veranstaltung hieß IN-/EXtension, und ich wäre froh, wenn mir jemand erklären könnte, was eine Intension ist (auser tem kuten Forsaz), und es war alles sehr szenig, die Damen erkannte man an den KZ-Frisuren, die Herren an den Pferdeschwänzen, der Mitschneider vom Bayrischen Rundfunk (den man offenbar zum ersten Mal ins Ausland gelassen hatte) sagte: »Probieren könnts am Häusel«; es gab Syberberg mit Edith Clever, es gab einen jungen Menschen, der nicht Klavier spielen konnte; es gab noch einen jungen Menschen, der nicht Klavier spielen konnte; es gab vieles, vieles, was ich verpasst habe, weil wir drei Tage lang irgendwo auf irgendwas warteten. Proben waren nicht um 14 Uhr sowieso (und auch nicht aufm Häusel), sondern um 4 Uhr sowieso morgens, und so lernte man sich kennen. »Was?!«, sagte Mara. »Du warst 1968 in Sofia bei den Weltfestspielen?! Ich war das Auge Lenins!!«

Sie hatte eine rote Karte emporgehalten und keine weiße. Und deshalb hatte das von Hunderten Junger Pioniere belebte Lebende Bild einen etwas verschwiemelten Lenin gezeigt.

»Und der, der ›Dubček, Svoboda!‹ geschrien hat, das warst du?« »Das war ich.«

Hierzu der *Standard*: »Auch Kurt Palms zwölfminütige Version der *Zauberflöte* war auf der richtigen Fährte, die Projektionen der einzelnen Arientitel und die Musik in *fast forward* liefen zwar tadellos ab, Palms Akteuren und seinem Chor war allerdings jeglicher Elan ausgeronnen: Immerhin ein satirisches und verständliches Attentat im Mozartjahr.«

Der Schaffner fragte: »Was habts denn ihr gemacht?«

»In Salzburg Theater gespielt.«

»So was Ähnliches hab ich mir gedacht.«

»So was Ähnliches war es auch.«

Mehr davon in meiner neuen Serie »Wien, 3. Stock, 5. Hieb«.

1992

SARASTRO, OPAK-LUZID

Seit fünf Jahren passiert in Wien etwas; es heißt »Der einzige Spaß in der Stadt«, der Veranstalter ist der »Sparverein Die Unzertrennlichen« (oder, neuerdings, »Die Unz Ertrennlichen«), und dieser Sparverein besteht aus Herrn Direktor Kurt Palm. Weil Kurt Palm mit allem, was er anpackt, so erfolgreich ist, dass es ihm langsam fad wird, war der diesjährige fünfte »Spaß« nicht nur der einzige, sondern auch der letzte Spaß in der Stadt, und weil ich im Gegensatz zu Ihnen dabei war, schreibe ich Ihnen auf, was war und nie wieder sein wird.

Die ersten beiden Abende gehörten – nachdem mein dicker Freund Hermes mich (»drahte ankunft abhole flughafen gelobt sei jesus christus in ewigkeit amen hermes«) nicht am Flughafen abgeholt hatte – dem genialen Kolumnisten Max Goldt. So schöne Kolumnen möchte ich auch mal schreiben können. Aber ansonsten bin ich ganz froh, dass ich ich bin und nicht er, denn seine Groupies sehen sämtlich aus wie Hitlerjunge Flex, während bei meinen Groupies ... äh ... sozusagen noch alles drin ist.

Inzwischen ist auch Hermes dazugestoßen; er war »am Land«, um seinen Vater zu beerdigen, und er ist sehr bedrückt. Seine Mutter verkümmert; ihr geht es jetzt wie der Nato; sie hat ihr Feindbild verloren.

»Außerdem waren siebzig Menschen bei dem Leichenschmaus, und es ist allen gelungen, mich zu ignorieren.« Und das ist, selbst wenn man in Rechnung stellt, dass Hermes ein anerkannt schwarzes Schaf ist, eine Höchstleistung. Er bringt nämlich untrainiert 145 Kilogramm auf die Waage, und wenn er sonst nichts hätte, dann hätte er immer noch eine ungewöhnlich schöne Seele und das, was wir alten Hasen »Bühnenpräsenz« nennen. In einem Ignorierkurs für Speisewagenkellner könnte man behutsam mit Kurt Waldheim beginnen; den ignorieren kann eh ein jeder. Dann arbeitet man sich langsam nach oben, und wer es nach fünf Jahren schafft, Hermes zu ignorieren, dem gebührt der Titel »Meister-Ignorant«.

Als kleiner Gruß aus der Heimat Lektüre der *Bild*-Zeitung. Peter Boenisch fordert den sofortigen Rücktritt von Manfred Stolpe. Das ist sein gutes Recht. Man weiß zwar noch nichts, aber ein bisschen hetzen kann man ja schon mal. Was mich wundert, ist, dass es Sudel-Pepe überhaupt noch gibt. Wenn auch nicht mehr lange. Ich beschließe nämlich, hier und heute ein Kopfgeld auf ihn auszusetzen, und zwar, der Bedeutung dieses Mannes angemessen, in Höhe von 35 Öschis beziehungsweise 5 Mark.

Es folgen sechs kurze Performances mit Lindy Annis, jenem rätselhaften Mädchen aus Boston, das seinerzeit in Salzburg bei einer zwölfminütigen *Zauberflöte* die Pamina gab. (Ich gab damals den Sarastro, etwas ungelenk angelegt, aber doch irgendwie opak-luzid mit jenem gewissen *quoi?,* wie es dem großen Menschendarsteller eignet, das heißt, ich stellte mich an die Rampe und glotzte dumpf ins Publikum, bis ich wieder wegdurfte.)

Lindy ist immer noch sehr rätselhaft, ihre Performances sind wie getanzte Englischlektionen, und der Lifestyle-Publizist F. J. sagt anerkennend: »Erstaunlich, was von diesem kleinen, zierlichen Persönchen für eine geballte Langeweile ausgeht.« Das ist ja nun gar nicht nett und stimmt auch gar nicht; ich haue dem Publizisten auf den Hut, und der dicke Hermes nimmt mich mit ins Funkhaus, wo ich ihm beim Rundfunken zur Hand gehen soll.

Hier entsteht eine ökologische Sendung, und wegen der öffentlich-rechtlichen Ausgewogenheit soll auch Hermes als 2. Vizepräsident der »Österreichischen Gesellschaft gegen Edelweiß« zu Wort kommen. Ehe ich mich's versehe, bin ich ebenfalls ON THE AIR und höre mich zu meiner Verwunderung in meiner Eigenschaft als Kämmerer des »Deutschen Anti-Alpen-Vereins« gegen Gebirgszüge jeder Art vom Leder ziehen. Der Moderator ist, was wir gar nicht zu hoffen gewagt hatten, beleidigt, und wir ziehen hochzufrieden wieder ab.

Hermes hat jetzt auch eine Kolumne, *Phettbergs Predigtdienst* im *Falter*, der Wiener Stadtzeitung. Zur

Epitome der Woche unkt er sehr schön pfäffisch seine Exegese, und zwar unter besonderer Berücksichtigung seiner drei Hauptinteressen. Diese aber fächern sich also auf: 1.) Nahrungsaufnahme. 2.) Unbezahlte Stromrechnung und unaufgeräumte Wohnung. 3.) Homophilie in ihrer sado-masochistischen Spielart. Da ich den Katholizismus und Hermes' Wohnung und alles andere nur besuchsweise kenne und höchstens bei der Nahrungsaufnahme mitreden könnte, finde ich seine Kolumne ungemein lehrreich, und ich lobe sie uneingeschränkt, als er mich Konkolumnisten um Rat fragt. »Ich möchte nämlich«, vertraut er mir an, »keine schlechte Kolumne schreiben.«

»Wer möchte das schon«, sage ich und wende mich an die versammelten Zecherinnen: »Möchte einer der Anwesenden vielleicht eine schlechte Kolumne schreiben?« Niemand rührt sich, keine Hand schnellt in die Höhe. »Siehst du«, tröste ich Hermes, »du bist nicht allein.«

Dies war nun der dritte von insgesamt zehn prallen Wiener Tagen. Lesen Sie deshalb nächste Woche hier weiter, wenn Sie Tex Rubinowitz raunen hören wollen: »Bespring sie! Tu es für mich!«

1993

SONNTAGS,
WENN DER CHEF VERREIST

Der Ressortleiter ruft an: »Ich fahre in Urlaub, und du schreibst eine Kolumne. Basta.«

»Aber, Boss, mir fällt doch nichts ein …«

»Das hat dich bisher auch nicht davon abgehalten«, schnappt er. »Schluss. Aus. Am fuffzehnten ist der Erste.«

»Alles klar, Boss. Schöne Ferien noch. Empfehlungen an die …«

Aufgelegt. In älteren amerikanischen Filmen hämmert man jetzt noch ein paarmal auf die Gabel, ruft »*Operator! Operator!*«, und starrt dann in die Sprechmuschel, als säße der Ressortleiter dort drin und nicht schon längst in seinem cremefarbenen Studebaker in Richtung Braunlage.

Also besinnt man sich darauf, dass man seinen Lesern noch immer nicht berichtet hat, wie es um den Länderbeschimpfungswettbewerb steht, nämlich:

ERSCHRECKEND SCHLECHT

Sämtliche Einsendungen waren unter aller Kanone, bis auf eine, aber die kam von einem Profischriftsteller, sprengte also den engen Rahmen der Statuten. Trotzdem vielen Dank fürs Mitmachen. Mir wäre im Augenblick ohnehin eher nach einer Beschimpfung des

eigenen Landes zumute, dieses inzwischen vollends ver-
luderten, pornographischen Gemeinwesens, in dem nur
noch das Gesetz der Autobahn herrscht.

»Dann schreib doch was über den Frühling, du
Nörgler!«, schallt es von nebenan.

Frühling? In dieser Parterrewohnung, wo es niemals
lenzt? Also hinaus. Die Dienststunden des Generalkon-
sulats der Islamischen Republik Iran werden stilvoll,
aber antiklimaktisch mit den Worten »Im Namen Gottes, des Allerbarmers, des Barmherzigen!« überschrie-
ben, und am Wasser füttert ein Jungpenner schimpfend
seine persönlichen Möwen. Die anderen Möwen wid-
men sich weiter dem Weißkacken grüngeplanter Dä-
cher und raunen einander zu, im Zibebenbereich herr-
sche mal wieder absolute Fehlanzeige. Ein nagelneuer
schwarzer Riesenschnauzer bekommt ein ebenso neues
Bällchen zugeworfen und missversteht das Bringsei als
Suchsei, Findsei und Ignoriersei, und alles, was es nur
irgend an Säuglingen gab, wurde hervorgekramt und in
Kinderwagen gefüllt. Die gefüllten Kinderwagen werden nun geschoben, und zwar möglichst so, dass man
mich damit über den Haufen fährt oder ich mir zumindest vorkomme wie auf der Stierkämpferschule. *Décima
lección: Wir schlagen einen Haken.*

Und nun macht der Frühling auch allmählich wieder schlapp, es wird Zeit für ein Bierchen, für die *Lindenstraße* und für einen Schwur. »Im Namen des Allerbarmers: Ich gehe nie wieder vor die Tür.«

1994

IM KINO

Ich sitze in einem Kino, in dem man bei Pressevorführungen ausdrücklich rauchen darf, und sehe mir die Pressevorführung von *Meine liebste Jahreszeit* an. Es ist ein französischer Film, er spielt in der Gegenwart, und deshalb rauchen alle Mitwirkenden wie die Schlote. Ich habe mir aus dem Foyer einen Aschenbecher mitgebracht, und als Catherine Deneuve und Daniel Auteuil in eine ihrer vielen Warteschleifen einbiegen, entzünde ich stilecht eine Gauloise. (Früher, in den Italo-Western, hatten mein Freund Stroucken und ich immer Bourbon und Tequila dabei, um *Greasers* und *Gringos* ethnisch korrekt Bescheid tun zu können, wenn sie durch ein Loch in der Sohle, durch eine Wassermelone hindurch oder aus dem Apostroph von CHINAMAN'S LAST CHANCE SALOON & EMPORIUM abgeknallt wurden. Mit *Django* kamen dann Massenvernichtungsmittel in Mode, und man konnte nur noch nippen, wenn man erfahren wollte, wie der Film ausging.)

Ich rauche also in aller Unschuld eine Gauloise, betrachte Chiara Mastroianni, die Tochter von Catherine Deneuve und Marcello Mastroianni, und denke, dass es für einen Mann zwar nichts Schöneres geben kann auf Erden, als auszusehen wie Marcello Mastroianni, für ein junges Mädchen aber durchaus, als ein hagerer Eiferer zu mir durchs Dunkel robbt und flüstert: »Machen Sie bitte die Zigarette aus. Das ist schrecklich störend. Sie sind sowieso der Einzige.« Wenn ich der Einzige bin, kann es doch so störend nicht sein, denke ich noch, mache aber alles aus, ohne zu mucken. Was hätte ich auch mucken sollen? »Wofür schreiben *Sie* denn? *betrifft: erziehung* oder *päd extra*? Die *Reform-Rundschau*? Oder sind Sie von der Barmer Ersatzkasse?« Und wie lautet die korrekte Anrede? Lakai, Kettenhund, Sprachrohr? Ich sage also nichts, ich ärgere mich nur, erst über ihn, dann über ihn und mich und dann nur noch über mich. Als der Film aus ist, ist er natürlich längst weg, denn Nachspanne lesen wir ja nicht; wir gehen nur gern umsonst ins Kino.

Ha.

Anschließend schaue ich beim Optiker vorbei, und als ich – kling klang klung, klung klang kling – reinkomme, stürzt mir ein irischer Setter entgegen, der mir seine Hundeleine leihen möchte, damit wir ein paar Runden drehen. Die Optikerin zieht an ihren Schubladen und fragt: »Wie war der Name? Owohlt?« – »Nein«, sage ich, »Rrrrowohlt.« Dem Setter fällt die Leine aus dem Mund, und er knurrt enttäuscht zurück.

»Du hast mich missverstanden«, sage ich. »Ich habe gar nicht geknurrt«, aber er versteht mich nicht. »Ich habe gar nicht geknurrrt«, wiederhole ich, und dann klemme ich mir meine Brille unter den Arm und mache, dass ich wegkomme.

Ha.

Vor einem kleinen Antiquariat hole ich mir die *Klas-*

sische Halunkenpostille von Fritz Graßhoff aus der Grab-
belkiste, trete ein, und während ich von Theognis (um
500 v. Chr.) die Zeilen

> *Wer glaubt, er habe ganz allein*
> *die Hinterlist der Welt gepachtet,*
> *kann nur ein armer Irrer sein,*
> *bei Licht betrachtet.*

lese, höre ich, wie eine Kundin zum Antiquar sagt:
»Auf so ein Segelboot bringen mich keine zehn Pferde
mehr.«

Der Antiquar sagt: »So was ist auch nur was für das
Plepps.«

Ich sage: »Die *pleeebs;* erstens Femininum, und zweitens ist das *e* stellungslang, weil zwei Konsonanten folgen.«

»Wie schön«, sagt die Kundin. »Sonst verbessert er
mich immer.«

Und so ist es doch noch ein ganz prima Tag geworden.

Weiß auch nicht, warum.

1995

DIESER ANFANG MUSS WEG

Es gibt doch diese Käffer, in denen man sich zutiefst angeheimelt fühlt, und das fängt schon mit dem als Bunker getarnten Büdchen am Bahnhof an … Nein, zuerst mal den Anfang. Auf den habe ich so lange gespart, und nachher ist er dann weg. Sternchen.

Vor Annas Haus steht ein blühender Kastanienbaum, und jeden Morgen sagt Anna: »Guten Morgen, liebe Kastanie.« – »Die Kastanie grüßt / mit tausend Erektionen«, heißt es bei Rühmkorf.

So gehört sich das. Der Rangniedrigere grüßt zuerst: Anna die Kastanie und die Kastanie den Dichter.

Dieser Anfang musste einfach erst mal weg. Sonst steht er herum wie Kirschkuchen, und niemand traut sich.

Es fängt aber trotzdem bereits in den als Büdchen getarnten Bunkern an, und man fragt sich: »Na, wenn das nicht zum Versacken einlädt …«, aber dann wird es noch viel, viel schöner.

Langenfeld ist so ein Kaff. Malerisch genau zwischen Köln und Düsseldorf gelegen, so dass es dort sowohl – was sonst inkompatibel ist – Kölsch als auch Alt gibt, erstreckt es sich mehrere Büdchen lang durch die als trostlos bekannte Rheinebene, und wer je ein tiefer gehendes Gespräch zu führen bestrebt ist, müsste sich schon am scharf gemachten Schäferhund vorbei zum dortigen *Birkenstock*-Generalvertreter durchfragen.

Meint man.

Ist aber gar nicht der Fall.

Langenfeld ist nämlich die Heimat des gepflegten Diskurses, in den Monaten mit r gibt es riesige Portionen Muscheln rheinische Art mit Weißwein und Schwachzbrot (»Darwet auch notfalls 'ne große Portion sein?«), vor den Büdchen stehen erregte Debattierer (»Manchmal fraare isch misch aber in escht, was die Leute immer gegen Ausländer haben.«), und zu den Tagen der »Langenfelder Tage des Schlechten Geschmacks« herrscht aber vollends fröhliches Getummel, wie es bereits im Liedgut der Ex-DDR, welche, wir erinnern uns, einstens mal als Folge der und Replik auf die »leidige Hüttlerbarbarei« (E. Henscheid) gegründet worden war:

Auch bei Demonstratz-
Ionen,
Soll sich der Einsatz
Lohnen,
Da wünscht man sich die
Menge
Mitmenschliches Gedrä-
Hänge.

Und genau dies, »Langenfelds Tage des Schlechten Geschmacks« sind jetzt bedroht, denn *was* haben wir uns all die Jahre gefragt? Was die FDP noch soll, haben wir uns all die Jahre gefragt. Die FDP aber hat die »undemokratische Fünfprozentklausel« (E. v. Schnitzler) geschafft und ist mit der regierenden CDU jetzt in der glücklichen Lage, sagen zu können: »Dat jiddet doch janit; dat muss wesch.«

Was nun genau sind oder waren »Langenfelds Tage des Schlechten Geschmacks«? Wir können sie uns so vorstellen, dass kaum jemand, der die Freiheitsfeier im renommierten Thalia Theater (20095 Hamburg) bestritt, damit rechnen konnte, nach Langenfeld eingeladen zu werden und umgekehrt. Josef Hader statt André Heller. Wiglaf Droste statt Sie-wissen-schon.

Und dann wollen wir auch nicht vergessen, dass Ali arbeitslos würde, Ali, der Abholer und Hinbringer, der Aufbauer und Wiederabräumer, Ali, der gesagt hat: »Willst du mir nicht noch mal den Islam erklären?«

»Ich hab dir schon mal den Islam erklärt?«

»Ja. Gestern Abend. Gleich als Erstes.«

Stimmt. Ich bin nämlich, seitdem mir ein türkischer Stehimbiss-Inhaber auf St. Pauli morgens um vier den Islam erklärt hat, in der Lage, verschwenderisch den Islam zu erklären und mich auf diese Weise geschickt in die Annemarie Schimmel Debatte einzuklinken beziehungsweise mich an sie anzuflanschen.

Der Islam aber vollzieht sich folgendermaßen: »Mohammed hatte keinen Kühlschrank, Schiss vor Weibern, und nach zwei Bier war er besoffen. Da hast du den ganzen Islam.«

Ich fürchte, Langenfeld betrifft uns alle. Nennen wir es getrost Fatwa.

UNSER SCHIFF FÜR MURUROA

Für den Fall, dass Sie noch nie selbst rundgefunkt haben, erzähle ich Ihnen jetzt, wie das ist, das Rundfunken.

Man kommt nach Hause und ist entzückt. Auf dem
Anrufbeantworter blinkt eine hektische digitale 2: Zwei
Anrufe! Man drückt, und eine weibliche Quäkstimme
sagt, von statischen Entladungen fast unverständlich
zugeknurpselt: »Ich *mag* nicht nach dem Pfeifton sprechen … Obwohl es *viel* zu sagen gäbe …« Dann eine
solide Männerstimme: »Hier Geißler, Radio Hamburg.
Für unsere Aktion ›Hamburg zeigt Flagge. Unser Schiff
für Mururoa‹ hätten wir gern ein Statement von Ihnen.
Wenn Sie Lust haben, rufen Sie uns bitte an.« Ich hatte
mal einen − das gibt es − netten Mathe-Lehrer namens
Geißler und rufe umgehend an. Ich labere Herrn Geißler (der genauso nett zu sein scheint wie der andere,
der echte Herr Geißler) ein bisschen voll, und er sagt:
»Wir wollten aber weniger was über Ihren Frankreich-
Boykott hören als über Ihre Unterstützung unserer Aktion ›Hamburg zeigt Flagge. Unser Schiff für Mururoa‹.«
Ich sage: »Das letzte Mal, dass wildfremde Menschen für
etwas, was ich richtig fand, die Knochen hingehalten
haben, war das der sogenannte Vietcong, und seitdem
schicke ich nicht mal mehr Leute zum Brötchenholen

vor die Tür, wenn ich das auch selbst machen könnte. Aber wenn Sie den Quatsch, mit dem ich Sie vorher vollgelabert habe, senden möchten, sage ich Ihnen den gern noch mal auf. Geht das auch telefonisch?« – »Ja, das geht auch telefonisch«, sagt Herr Geißler, »legen Sie auf; ich ruf dann wieder an.« Ich lege auf. Er ruft an und sagt: »Jetzt.« Ich sage: »Mein Name ist Justus Frantz, und ich wünsche mir viele *Klassik-Radio*-Hörer beim Schissich-Holstein-Musikfestiwell.« Herr Geißler sagt: »Lügen darf man aber nicht im Radio. Also noch mal, und zwar ein bisschen professionell.« Ich räuspere mich ins Off und sage: »Guten Tag, ich bin Harry Rowohlt. Zu der Aktion ›Hamburg zeigt Flagge. Unser Schiff für Mururoa‹ verspreche ich hoch und heilig, dass ich während der Gesamtdauer des Frankreich-Boykotts nur Gauloises *mit Filter* rauchen werde. Ansonsten habe ich alle Hände voll damit zu tun, südafrikanische Erzeugnisse zu kaufen, damit die merken, dass ich sie bis neulich noch boykottiert habe.« – »Na bitte«, sagt Herr Geißler, »warum nicht gleich. Ich soll Ihnen übrigens von meiner Mutter ausrichten, Sie seien ein fauler Hund und müssten mal wieder eine Kolumne schreiben.« Jetzt wissen Sie, wie das ist mit dem Rundfunken und dem Kolumnenschreiben.

Einen Tag später hörte ich im Autoradio plötzlich die vertraute Stimme wieder: »Mein Name ist Justus Frantz. Ich habe oft gute Laune, und ich brauche auch viel gute Laune. Beides gibt mir Klassik.« Beides? Das Haben und das Vielbrauchen? Immerhin nicht gelogen.

Wie ja Rundfunken überhaupt Spaß macht, wenn

man es nicht verpatzt. Vor Jahren sollte mich ein junger Mensch vom Bayerischen Rundfunk interviewen; wir saßen im »Giesinger Hof«, die Kellnerinnen räumten mit Getöse die Bestecke vom Mittagstisch in die MesserGabelLöffel-Fächer, draußen ging ein heftiges Sommergewitter herunter, der junge Mensch schaltete den Recorder ein, und ich sagte wie eine Mischung aus Fox-tönender-Wochenschau und Winfried Scharlau: »Äwir äbefinden uns hier im Ägiesinger Hof, ädie Kellnerinnen räumen ädie Bestecke vom Mittagstisch äzusammen, und draußen ägeht ein äheftiges Äsommergewitter äherunter … Äwas nun genau führt Sie zu uns nach München, Herr … Äh? …« Und der junge Mensch sagte erbleichend: »Sie haben da, glaube ich, was missverstanden.«

Viele Jahre später, wieder in München, wieder in einer Kneipe, wurde ich vom Österreichischen Rundfunk interviewt, und es ging auch diesmal alles leidlich glatt, aber dann wurde der Interviewer gemein: »Nun sagen Sie uns zum Schluss bitte noch: Wie werden Sie mit Ihrem plötzlichen Ruhm fertig?« Da dieser mein Ruhm weder plötzlich noch Ruhm war, und da ich wusste, dass der Interviewer das wusste, musste mir ganz schnell etwas Verletzendes einfallen, und ich sagte: »Ich habe Nacht für Nacht den gleichen Albtraum wie Arnold Schwarzenegger. Ich hab immer Angst, ich wach auf und bin in der Steiermark.«

CARTE BLANCHE

Wussten Sie, dass es in Braunschweig ein Filmfest gibt? Auf dem 9. von der Sorte war ich neulich, und falls es ein 10. geben sollte, habe ich fest vor, wieder hinzufahren, auch wenn ich dann keine *carte blanche* haben werde. *Carte blanche* heißt, dass sich die Braunschweiger jemanden einladen, der darf sich dann seine vier Lieblingsfilme ansehen, und alle Braunschweiger müssen mitkucken und die auch ganz toll finden, und weil ich in meiner großen Zeit mal Filmkritiker bei der *Zeit* war, dachten die Braunschweiger, ich verstünde was von Filmen, und haben mich eingeladen und gut behandelt und nach meiner Meinung gefragt, was aber sowieso dasselbe ist. Was ich zum Beispiel davon halte, dass die Lindenstraße in Berlin in Axel-Springer-Straße umbenannt werden soll? (Ich *(lässig):* Dann sollen die gleich Nägel mit Köppen machen und Unter den Linden auch noch umbenennen. In Unter den Axeln.) Und wenn man Sergio Corbucci von Giulio Questi unterscheiden kann, steht zwei Tage später in der ungewöhnlich lesenswerten *Braunschweiger Zeitung:* »Phänomenal, was der Mann alles in der Birne hat!«

Mein Betreuer hieß auch Harry, Harry Binder, und ich habe bis zum letzten Tag gebraucht, um nicht mehr zu reagieren, wenn jemand »Harry!« rief, aber inzwischen klappt das ganz gut, und ich werde das, glaube ich, beibehalten. Meine vier *carte blanche*-Filme waren *Bashu* von Bahram Beizai (Nie was von gehört, was? Da können Sie mal sehen.), *Indien* von Paul Harather, *Heimat, süße Heimat* von Jiří Menzel und natürlich *Help!* von Richard Lester, was denn sonst. Außerdem habe ich, um meine Anwesenheit zu rechtfertigen, in der Buchhandlung Graff alles vorgelesen, was ich jemals über Filme geschrieben habe, und an einer Podiumsdiskussion teilgenommen. Außer der Moderatrix Christiane von Wahlert und mir saßen auf dem Podium Cori Tigges, eine lustige, freche, schöne, HIV-positive Wuppertalerin, die einen Film über sich vorstellte, und der Hamburger Oberstaatsanwalt und Filmkritiker Dietrich Kuhlbrodt, der von den Dreharbeiten von Christoph Schlingensiefs *Trash* berichtete, und das war naturgemäß viel komischer als Christoph Schlingensiefs *Trash*, obwohl ich von diesem Faszikel nur die ersten zehn Minuten gesehen habe; danach hat es mich wg. Bauchwehs mit einer Käpt'n-Blaubär-Wärmflasche aus der Wärmflaschensammlung von Harry Binders Bekannter erst mal ins Bett geschrägt, weshalb mein Diskussionsbeitrag lautete: »Ich weiß eigentlich gar nicht, was ich auf diesem Podium soll; ich habe nämlich in meinem ganzen Leben nur zehn Minuten Schlingensief gesehen, und bei Aids kann ich auch nicht mitreden, weil ich es bisher nur mit Mühe und Not auf Filzläuse gebracht habe«, worauf Cori Tigges sagte: »Das können wir aber ändern«, und da haben mich dann alle mit Recht gehasst und Cori Tigges mit Recht geliebt.

Schlingensief hatte zum besseren Verständnis seines Werks ein Flugblatt verteilen lassen, welches mir, weil ich nichts wegschmeißen kann, immer noch vorliegt, und ich habe es noch einmal überflogen und bei dem Satz *Vom Internat hatte ich viel* beifällig genickt und gesagt: »Das merkt man«, aber dann habe ich den Satz noch einmal gelesen, und da hieß er leider nur noch *Vom Internet halte ich viel.*

Und wenn Sie nun Lust bekommen haben sollten, auch mal beim Filmfest Braunschweig eingeladen zu werden, dann muss ich Sie leider darauf hinweisen, dass man sich zum Schluss ins Gästebuch eintragen muss, und da muss einem dann was einfallen. Als es bei mir so weit war, habe ich alles, was ich phänomenalerweise in der Birne habe, in die Waagschale geworfen und geschrieben: *Autorenkino, Regietheater, Befreiungstheologie –: Alles genauson Quatsch wie mittelscharfer Senf. Schön war es bei euch. Harry Rowohlt*

1996

DER LADEN BRUMMT

Dr. Alkis Paraskevopoulos (dt.: Dr. Kraft Sohn-des-Freitags) hat einen Leserbrief geschrieben. Zuerst rühmt er mich sehr, wie sich das gehört, dann kommt *Meine Freude war diesmal umso größer, als Harry Rowohlt so schmeichelhaft über eine Ecke Griechenlands schrieb, aus der ich zufällig selbst abstamme,* und dann kommt auch schon das dicke Ende: *Achtzig* heißt nicht *oktanda* auf Griechisch, sondern *ogdonta!* Na, das gab vielleicht ein Hallo in der *Zeit*! Hatte ich mich doch gerade über die Luschigkeit des dortigen Korrektorats ausgelassen! *Lieber Horst, bitte, wenn möglich bringen! Danke! Gruß: R. M.*, schrieb R. M. oben quer über den Leserbrief, dem lieben Horst war es aber offenbar nicht möglich, und so reiche ich ihn nach, sowie auch, ferner, meine Antwort an Dr. Alkis Paraskevopoulos; Sie dürfen sie aber trotzdem lesen. Da bin ich wie Biermann: Wenn der einen Brief an seinen Freund Jürgen schreibt, erscheint der im *Spiegel*, und man überblättert ihn diskret, weil man nicht Mensch, Jürgen! heißt und fremde Korrespondenz nicht mitlesen möchte.

Lieber Doktor Paraskevopoulos:
Ja, ja, ja, macht euch nur über uns dumme Touris lustig, aber wenn wir mal den Witz mit dem Türken

erzählen, der seinen Teppich klopft (»Na, Ali? Springt er nicht an?«), sind wir ausländerfeindlich. Schönen Gruß von Kharis an Alkis (Mann, bin ich froh, dass ich nicht Alkis heiße), H. R.

Als wäre sonst nichts passiert. Dabei brummt hier der Laden. Im Augenblick lebe ich recht auskömmlich davon, dass ich Anfragen abschlägig bescheide. Vorgestern habe ich dem *7:1 Kulturkontor Wien*, dem Verlag J. F. Schreiber, 3sat, dem *Sonntagsblatt* und dem *stern* (zweimal) abgesagt, gestern dem *manager magazin* und dpa, heute werde ich wohl mal arte einen Korb geben. Das diesjährige (Frankfurter) Buchmessenschwerpunktthema fordert nämlich seinen Tribut, und weil ich akzentfrei »*I'll have a pint of stout and a Paddy with a splash of water, please*« sagen kann, bin ich als intimer Kenner der irischen Gegenwartsliteratur ausgewiesen, und man sucht meine Expertise, teilweise sogar meine Nähe. Statt zuzugeben, dass ich keinen roten Farthing von irischer Gegenwartsliteratur verstehe, schlage ich die Beine übereinander, senke den Blick und sage: »Ich spare mich, wie Sie wissen sollten, für die *Zeit* auf.«

Und für meine große Herbst-Tingeltour. Herr Bitsche vom Haffmans Verlag ruft an und sagt, einige Veranstalter hätten sich über das hässliche Foto von mir beschwert. »Das ist aber doch ein Geschenk des Himmels!«, sage ich. »Diesen Veranstaltern sagt man: ›Herzlichen Glückwunsch! Sie haben soeben eine Dichterlesung mit Reiner Kunze gewonnen!‹«

Vor einem Jahr hat Oskar Pastior in der *Zeit* Ernst Jandl zum 70. gratuliert. »Dann gratulier ich ihm eben zum 71.«, habe ich da gedacht, »und zwar nachträglich.« Und das möchte ich jetzt tun, indem ich ihm erzähle, wie ich beinahe seine erste Lesung meines Lebens verpasst hätte. Das muss so um 1966 herum gewesen sein. In Frankfurt war das *Frankfurter Forum für Literatur,* und abends wollten wir alle zu Jandl. Gleichzeitig war aber leider auch eine NPD-Veranstaltung mit Adolf »Bubi« von Thadden im »Gesellschaftshaus am Zoo«, und da musste man ja auch hin. Ich hatte ein prunkvolles Schild gemalt –

DIE BRAUNE LIESE IST'S,
ICH KENN' SIE AM GELÄUTE.
Fr. Schiller, Wilhelm Tell
1. Akt, 1. Szene

–, und das wollte ja auch vorgezeigt sein. Walter Boehlich, schon damals ein Freund des Überdeutlichen, hatte ein Schild getextet – BUBI, GEH NACH HAUSE! DEUTSCHLAND IST SCHON VERLOREN! –, war aber an dem fraglichen Abend persönlich verhindert, weil er seine Pfeifenreiniger frisch beschriften musste, und Abraham Melzer trug Boehlichs Schild, der Arme. Ein alter Widerstandskämpfer sah uns Schulter an Schulter und rief begeistert: »Rowohlt und Melzer! Hoch die christlichjüdische antifaschistische

Solidarität!« »Ich bin gar kein Christ«, sagten Abi und ich leicht irritiert.

Unterdessen waren die NPDler durch die hohle Gasse aus 3 Reihen Gegendemonstranten, 1 Reihe Polizisten, noch mal 1 Reihe Polizisten und noch mal 3 Reihen Gegendemonstranten gekommen und in ihrem Gesellschaftshaus verschwunden, und es wurde allmählich Zeit für Jandl.

Der Einsatzleiter der Bereitschaftspolizei sagte: »Wir müssen hierbleiben, aber ihr könnt doch solang n Schöppsche petze gehn.« Und da haben wir unsere Transparente und Schilder in einer Polizei-»Wanne« abgelegt, die Polizei sagte: »Bis Mitternacht halten wir die Stellung«, wir gingen alle zu Jandl, haben uns verzaubern lassen, und um 10 vor 12 waren wir wieder vor dem »Gesellschaftshaus am Zoo«. Ich holte mein Schild aus der Wanne, Abi holte seins, und die Polizei konnte damit beginnen, die NPDler vor aufgebrachten Gegendemonstranten zu beschützen.

Elisabeth Baroness von Maltzahn, unsere 5. Kolonne im Gesellschaftshaus, berichtete, Adolf von Thadden habe gesagt: »Ich kenne auch ein Zitat von Schiller! Und zwar ›Ans Vaterland, ans teure, schließ dich an!‹ Und wie war's bei euch?«

Bei uns war es noch schöner. Helzrichen Grückwunsch, Hell Jandr.

RÜCKSCHAU

Das Jahr ist alt genug; ich erwarte nicht mehr viel. Februar: Zeit, Rückschau zu halten auf das Jahr und die Lieblingsmenschen, die es mir beschert hat.

Lieblingsmensch 1: Schnuckel. Und zwar für die präziseste Charakterisierung, die die verflossene DDR je erfahren hat. Ich erzähle, dass ich in meinem Leben dreimal in der DDR war; zweimal war Eier-, einmal Kohlrabischwemme. Schnuckel: »Oh Gott, und dann die ganzen Kohlrabirezepte an den Autobahnbrücken!« ★ *Lieblingsmensch 2: Wunderschöne Frau mit Engelshaar aus dem Waffeleisen am Tresen in einem Frühlokal in Salzgitter zu ihrem Bekannten, morgens um 9:15h:* »Du erzählst schon den ganzen Abend son Scheiß.« ★ *Lieblingsmensch 3: 1. Passant.* Eisvergnügen auf der zugefrorenen Außenalster. Junge Menschen wuchten Bretter auf Böcke und schicken sich an, Glühwein auszuschenken. 1. Passant (zu 2. Passanten): »Ah, Neueröffnung.« ★ *Lieblingsmensch 4: Das Fräulein aus dem Flieger:* »… und als wir in Simbabwe landen, steht auf dem Rollfeld schon ein Vizeneger mit Schnäpsen.« ★ *Lieblingsmensch 5: Jemand, der mich gelobt hat.* Ich war nicht dabei, aber es ist mir berichtet worden. Der Mann ist Türke, und, als wäre das noch nicht genug, Jude, und, als wäre das noch nicht genug, Teppichhändler, und Geschmack hat er, wie sich gleich zeigen wird, obendrein. Also. Folgendes hat er gesagt: »*Pooh's Corner!* Dieser Sprachwitz! Das ist noch echter türkischer Humor.«

Ist das nicht wunderschön? Das ist, als zielte man konzentriert an der Schießbude auf eine rote Plastiknelke und hätte unterdessen nebenan in der Losbude den großen blauen Teddy gewonnen.

Und nun tun Sie mir bitte noch rasch den Gefallen und glauben Sie nie, was in der Zeitung steht. Wenn Sie mal selbst in der Zeitung gestanden haben, wissen Sie, was ich meine. Und weil nicht alle Menschen abwarten, bis sie in der Zeitung stehen, hat Oskar Lafontaine das weise Pressegesetz erfunden, welches nur Menschen, die sowieso nie in der Zeitung stehen, nicht gut finden.

Dazu ein eher harmloses Beispiel aus meiner leidvollen Medienpräsenz, nein, jetzt noch nicht; *die* drei Herren spare ich mir noch ein bisschen auf, bis sie vollends am Boden liegen; sollen sie sich doch ein wenig in trügerischer Sicherheit wiegen; sie kommt, die Stunde der Abrechnung, und sie wird qualvoll sein, und sie wird länger dauern als 60 Minuten, viel länger, und noch den – eigentlich ja unschuldigen – Regenwürmern, welche den leeren Augenhöhlen der betreffenden Herren entquellen werden, werde ich das Betreten meines Hauskomposts verbieten; nicht, dass ich nicht mit mir reden ließe, aber irgendwo muss man eine Grenze ziehen, und hier kommt nun auch das eher harmlose Beispiel.

Ich stehe nämlich in der *New York Times*, und das

kommt nicht daher, dass ich einst als vorbildlicher Mitmensch und Kollege in New York gewohnt habe, sondern daher, dass in Marburg (Germany) Komik-Tage stattgefunden haben, was auch schon fast nicht mehr wahr ist, und wenn ich nur wüsste, was die *Oberhessische Presse* zu der Lesung mit Fanny Müller und Wiglaf Droste und mir geschrieben hat, wäre mir auch wohler, aber der zuständige Jungdachs ist offenbar auf dem Weg zum McCopy von der Zinne gefallen, weshalb ich bisher nur erfahren habe, was die *New York Times* geschrieben und die *International Herald Tribune* nachgedruckt hat: *»Germans Discover a Jake Gap, and it's Not Funny«, By Alan Cowell,* whoever he is.

Nachdem also lang und breit die Rede von Mr. Droste ist und von den Sensibilitäten, die seine Auftritte bei Abtreibungsgegnern, oder wer diese Leute sind, freisetzen, fährt das Blatt fort: *»But such sensitivity did not inhibit Harry Rowohlt, another Speaker, who may have offended – or delighted – countless Italian waiters by telling his audience: ›Italian restaurants are the best possible. As a guest, you don't need to behave badly: the waiters do it for you.‹«* Und von der Unverschämtheit mal abgesehen, dass ich – nach Mr. Droste – als *another Speaker* bezeichnet werde (Warte, Wichlaf, komm du mir in die *Kulisse,* Wien Hernals, 28., 29. und 31. März; jetzt schon Karten sichern. Na warte.) –, habe ich, wie *Zeit*-Leser sich erinnern werden, ein einziges Restaurant namens »Il Sowieso« in Frankfurt am Main so beschrieben, und nicht *»Italian restaurants«, porco dio madonna for crying out loud.* Italienische Kellner sind die allerliebsten auf der

Welt, und die besorgten amerikanischen Anrufe *stated just this: »I know quotations can't be trusted«*, aber, und nun geht es weiter: *»›Of course there's not much laughing matter‹, Mr. Rowohlt said. And one reason for that was about as serious as you can get. ›German humor was mainly Jewish humor, and the United States inherited that‹, he said.«* Und das habe ich – unter anderem – tatsächlich so gesagt, und das stimmt ja auch, und ich habe eine der Anruferinnen gefragt: *»So – after pissing off my fellow Wops* (Itaker. Anm. d. Übers.) *– how about my Jewish power base in the States? Coast to coast? Or just New York?«*

»I hate to burst your bubble (Den Zahn muss ich dir ziehen. A.d.Ü.) *but I think it's mostly the South of France.«*

»Oh.«

»Yeah. And maybe the posher (vornehmeren. Ü.) *districts of Paris.«*

»Well okay.«

Aber dass das Leben einen ungebeten auf Anhieb und ohne langes Nachdenken mit so vielen Lieblingsmenschen beschert –: *Das,* und sonst meinetwegen gar nichts, das wäre einen kleinen Glühwein wert.

Womit wir natürlich automatisch bei Andreas Kilb wären, der mir morgen diesen Beitrag abkaufen muss, weil mein angestammter Boss, der Herr Greiner, nach Südkalifornien gefahren ist, was für mein Empfinden gleich nach Stuttgart-Degerloch kommt, und dieser junge Mann, dieser Schmuck seiner Zunft, hat vor Jahren diesen Original-Ausspruch getan.

Lieblingsmensch 6: Andreas Kilb. »Im Kino schlafen heißt dem Film vertrauen.« * *Und der 7. Lieblingsmensch?*

Eindeutig Herr Sint, der, in der Setzerei auf mich deutend, sagte: »Nu rééécht oich doch nich auf; wenn der Lüdde jetz nicht Kommunist ist, wie ssoll er žééémals n ansdändiger Ssóózi werden?«

Das ist aber jetzt auch schon wieder ein paar Jahre her.

1997

EINE FRAGE,
DIE MICH NICHT LOSLÄSST

Nachdem ich neulich Christian Quadflieg erwähnt habe, lässt mich eine Frage nicht los: Warum heißt der Mann Christian?

Der Sohn von Heinrich George heißt Götz.

Der Sohn von Erwin Geschonnek heißt Matti.

Der Sohn von Eddie Constantine heißt Lemmy.

Warum heißt der Sohn von Will Quadflieg nicht Heinrich?

Sehen Sie, so eine feinsinnige frühwinterliche Überlegung hätten Sie gar nicht von mir erwartet. Hätten Sie aber erwarten müssen. Warum? Die Antwort steht wie immer im Großen Brockhaus, unter Z.

Zeit, Die Z., in Hamburg erscheinende, unabhängige Wochenzeitung für Politik, Wirtschaft, Handel und Kultur; gegr. Februar 1946. Auflage 1956: 63000 Stück. *Die Z.* ist bekannt durch ein gutes Feuilleton.

Ich bringe meinen einen Anzug in die Reinigung, leere vorher alle Taschen aus, und es stellt sich heraus, dass ich gar nicht so selten ins Theater gehe, wie ich immer behaupte: sechs Billetts fürs Hansa Theater und nur eins für die Hafenrundfahrt. (Wann habe ich denn im Anzug eine Hafenrundfahrt unternommen? Rätselhaft.) Das Hansa Theater ist natürlich gar kein Theater, sondern ein Varieté, und vor Jahren war ich mit einem kalifornischen Verleger dort, und der wurde immer nervöser. Ein älteres polnisches Ehepaar spielte Akkordeon, und er wurde immer nervöser: »Wann fängt es denn endlich an?« Dann kam eine dressierte Pudelnummer aus der damaligen DDR, und er wurde immer nervöser: »Wann fängt es denn endlich an?« Dann kam eine blutjunge Hochreckartistin aus Bulgarien, von der man nicht viel sah, weil das Reck zu hoch angebracht war, er fasste neuen Mut und fragte: »Fängt es jetzt endlich an?«, und mir wurde plötzlich klar, dass er sich im Salambo wähnte, einem Hamburger Theater, welches auch kein Theater ist, sondern wo, wie man in Kalifornien offenbar bereits wusste, unter Beteiligung des Publikums auf der Bühne kopuliert wird oder wurde. Ich habe ihm dann anschließend in der Herbertstraße die Bekanntschaft eines Brooke-Shields-Lookalike vermittelt, was gar nicht so einfach war, weil in Hamburg gerade ein internationaler Bäckerkongress tagte, und die beiden schreiben sich heute noch.

Hinten auf die Billetts habe ich müßig brillante Formulierungen notiert, und bevor ich sie wegschmeiße, rücke ich sie noch rasch in die Spalten des guten *Zeit*-Feuilletons ein.

Das 3. Gebot des Koran: Du sollst Fatwa und Mutter ehren.

Tanz der Lustprinzipien: »Daffke, du führst schon wieder.«

Paul Lincke: Zille sein Milhaud.

FÜNF MÜSSIGE BETRACHTUNGEN

Entweder es passiert nichts, und dann hat man nichts zu berichten, oder es passiert ständig was, und man ist mittendrin und hat keine Hand frei, aber zunächst drei blitzartige Erkenntnisse (*sátori*), bevor die auch noch den Wadi runter sind, und zwar à la manière de Johannes Gross, pampampám, dabei wäre man viel lieber eine deutsche Lyrikerin, die sich reimlos vom thessalischen Regen durchschuckeln und einen zierlichen Sechseinhalbzeiler hinter sich lässt, tschamdibaff. Ich übersetze aber gerade 155 Gedichte (54 sind bereits gelutscht), und weil sie sich im Original reimen, müssen sie sich bei mir natürlich auch reimen / Heimen / keimen / schleimen / abfeimen gnurksgnurksgnurks.

»*Me omeokatalixía?*«, fragte Laiki.

»Aber logisch *me omeokatalixía*, mit was denn sonst? Glaubst du, ich übersetze Gedichte *me omeokatalixía* ohne *omeokatalixía*; da kennst du mich aber schlecht.«

»Da bin ich ja beruhigt«, sagte Laiki und ließ sich erschöpft auf eine Touristin zurücksinken.

»Aber halt!«, fiel ihm ein. »Ich habe ja Gäste!« Und um dem »*We're havin' fun and you're havin' none*«-Prinzip zu huldigen, eilte er in seine Werkstatt, wegen Feuerwerk. Als sich der Rauch verzogen hatte, standen wir vor den Trümmern der Werkstatt, und Ianni, sein

Bruder, sagte, indem er ein weiteres zierliches Schnäpschen in die enorme Zisterne seines Leibes füllte: »Mit kleinem Aufwand Atmosphäre gezaubert.«

Und, liebe *Zeit*-Leserin, das Allerwichtigste (vergessen wir doch den albernen Johannes Gross; und den muffeligen *Zeit*-Leser sowieso; den kennen wir ja zur Genüge; außer selten ist er nicht viel): Ich habe vor vier Tagen meinen fünften Fisch gefangen!!!!! Wie viele Fische hat denn Ihr Freund, der *Zeit*-Leser, gefangen? (Von Johannes »Köder« Gross mal ganz zu schweigen.) Na? Na?? Na???

Ja. Da herrscht allgemein betretenes Schweigen. Vor drei Jahren, da war ich 48 Jahre alt, habe ich schon mal vier Fische gefangen, und das macht, unterm Strich, alle zwölf Jahre einen Fisch. Und nun, nur drei Jahre später, habe ich schon wieder einen gefangen! Ihm nachgestellt, ihn aufgespürt – »Die gesamte menschliche Sensibilität hat sich im linken Ringfinger zu bündeln«, habe ich mir gesagt, und – WUUUPS! – da war er schon, eine Melanúrja, der beste Speise- und Edelfisch, den es überhaupt gibt, von Schnüss bis Schwanz, mit allem Drum und Dran, gut und gern seine, na ja, widerborstigen, springlebendigen, nahrhaften, schmackhaften 6 cm lang. Eigentlich wollte ich sie, die Melanúrja, räuchern lassen und als Querbinder tragen (oder im ersten Heißhunger selbst und roh verschlingen), aber man ist ja immer viel zu gutmütig, und so rief ich: »Kosta, dies ist eine Melanúrja; grill sie; heute gibt es Fisch für alle!« Und Ianni schraubte ein weiteres zierliches Schnäpschen in die enorme Zisterne seines Leibes.

I

Wird Le Corbusier eigentlich – wie Le Havre – auch dekliniert? (Der Kuli, den ich Au Corbusier vor einer Woche geliehen habe, den hat mir Le Corbusier immer noch nicht zurückgegeben. Das finde ich ein echt schwaches Bild Du Corbusier.)

II

Immer wenn ich Eisenbahn fahre, fahren auch ziemlich viele Schulklassen mit, und dabei ist mir aufgefallen, dass die eine Hübsche immer und unweigerlich Kaugummi kaut, so dass für einen Außer- oder Unterirdischen oder sonst wie Unvoreingenommenen der Eindruck entstehen muss, Kaugummikauen mache schön.

Macht es aber gar nicht.

III

Als ich zum ersten Mal in Österreich war, ist mir angenehm aufgefallen, dass überall *Praha* und *Bratislava* dransteht statt Prag und Pressburg. Inzwischen weiß ich, warum. Der Österreicher möchte, dass auch die dümmeren Tschechen und Slowaken wieder hinausfinden.

IV

Weil die RAF gerade Jubiläum gefeiert hat, ist mir wieder eingefallen, was ich damals schon immer gesagt habe und was damals auch schon niemand hören wollte: Unsere hiesigen Terroristen haben sich haargenau an das gehalten, was Ulrike Meinhof in ihrer bekannt dröhnbüdeligen Art gefordert hatte, nämlich »die faschistischen Strukturen in der BRD sichtbar zu machen«, indem sie einen SS-Scharführer zum Märtyrer beförderten.

V

Der Papst ist alt und krank; über seinen Nachfolger wird bereits offen spekuliert. Ich möchte mich da nicht einmischen, weil ich leider gar nicht katholisch bin, nur aus der – teilweise selbstgewählten – Anglophonie heraus einen Vorschlag zur Namenswahl machen. Nach John Paul II ist es, dächt ich, allmählich mal Zeit für George Ringo I.

NIEDER MIT NEUSCHREIB!

Ich hab's geschafft: Ich bin Coverboy im *Hamburger Abendblatt*, in Farbe, und das mir, dem letzten freilebenden Springer Boykotteur. Neben dem Foto von mir (pausbäckig, ausgefressen, das fleischgewordene gesunde Volksempfinden) steht, falsch zitiert: »Diese Reform ist doch subventionierte Legasthenie! Man sollte sich da immer fragen: Wem nützt es? Die Einzigen, die davon profitieren könnten, sind doch die Schulbuchverlage.« Das habe ich doch niemals gesagt. So oft sage ich doch gar nicht »doch«. Doch, doch, das würde ich doch merken. Innen, auf Seite 10, ist noch mal ein Riesenfoto von mir, diesmal eher listig und ganz natürlich, mit einem Stück Holz in der Hand. »Ganz natürlich; nehmen« Sie doch ein Stück Holz in die Hand«, hatte der Fotograf gerufen. Unter dem Foto steht: »Der Hamburger Übersetzer und Autor Harry Rowohlt genießt die Schadenfreude über den Streit und meint: ›Diese Reform ist doch subventionierte Legasthenie!‹« Außer meinem Riesenfoto aus Künstlerhand gibt es noch sieben kleinwinzige Passbildchen von Günter Grass (»Von mir ist inzwischen zum Thema Rechtschreibung alles gesagt.«), Regula Venske (»Die Reform ist ein Kulturverlust und inkonsequent.«), Walter Kempowski (»Die Weimarer Richter haben einen Knall.«), Matthias

Beltz (»Nur Wickert kann uns noch retten!«), Marcel Reich-Ranicki (»Ich muss mich mit Literatur beschäftigen.«) und Arno Surminski (»Die Reform jetzt noch zu bremsen, wäre fatal.«).

Besonders liebe ich natürlich das vergnatzte »Ich muff mich mit Literatur beſäftigen«. Nicht auszudenken, was die Literatur, sich selbst überlassen, anstellen würde.

Von mir ist zwar, ähnlich wie von Günter Grass, inzwischen auch alles zum Thema Rechtschreibreform gesagt worden, es war aber nie ein Multiplikator dabei ... Doch! Im Februar oder so habe ich dem *Wiener Standard* gesagt: »Orthographie und Interpunktion waren immer das Einzige, was ich einigermaßen beherrschte. Wenn diese beiden Tugenden plötzlich nichts mehr gelten, stehe ich vor dem Nichts. Ich kann ja nicht mal ordentlich Ski laufen.« Dieser Sachverhalt war wiederum *Focus*, dem modernen Nachrichtenmagazin, viel zu kompliziert; liebend gern hätten sie das Zitat gebracht, es kamen aber zu viele schwere Wörter drin vor, *Focus* schrieb das übliche *Burda*-Blech und stellte mich bei der Gelegenheit als »Übersetzer des Märchens *Pu der Bär*« vor. Daraufhin schrieb ich einen Leserbrief, der offenbar zu lang war, um abgedruckt zu werden: »Aha. *Pu der Bär* von Alan Alexander Milne ist ein Märchen. Und die Bibel ist eine Novelle. Und *Focus* ist ein modernes Nachrichtenmagazin.« Nächstes Mal schreibe ich nur »Aha«. (A – h – a wird das geschrieben.)

Und anstatt nun dreimal zu zitieren, was ich (so) nicht gesagt habe, hätte das *Abendblatt* einmal zitieren können, was ich gesagt habe (und viel Platz gespart). Dieses aber war: »… und wenn die Schulbuchverlage jammern, die geplatzte Reform sei ihr Ruin –, es ist ohnehin Zeit zur Gründung neuer Schulbuchverlage. Und sobald von mir verlangt wird, ›Spaghetti‹ ohne h zu schreiben, werde ich immer gnadenlos ›Spadschetti‹ bestellen.«

Oder ich falle ins andere Extrem und sage alles so korrckt, dass die Etymologie ständig weiß mitrauscht: »Du sitzt, glaube ich, auf meiner Berylle.« (Und dann diese Zumutung, dass Appositionen nicht mehr durch Kommata vom übrigen Satzgefüge abgetrennt werden. Das ist wie Klammer auf und nie wieder zu

Die Seelchen, die diese Rechtschreibreform erfunden haben, sind graue Gesellen, die noch nie mit Genuss ein Buch gelesen und noch nie einen wohlklingenden Satz gesprochen haben. Am schönsten hat es ein Leserbriefschreiber im *Spiegel* formuliert: »Wenn ›liebhaben‹ auseinandergeschrieben wird, dann hört auch das Liebhaben auf.« Das ist so gut gesagt, da beschlägt einem doch die Berylle.

EINE KLEINE BUCHMESSE

Die 49. – die sogenannte »kleine« – Frankfurter Buchmesse ist zu Ende, Peter Hintze hat sich mit seinem Kommentar zur Grass-Rede in der Paulskirche endgültig aus dem Kreis der ernstzunehmenden CDU-Generalsekretäre mit Ringen unter den Augen verabschiedet, die Bombendrohung erwies sich als blinder Alarm (»Frau Katharina Unseld aus Heidelberg, bitte melden Sie sich bei der Polizeistation in Halle 6«, hatte es zweimal drohend geheißen, wobei man bedenken muss, dass im Frankfurter Polizeicode »Katharina« Bombe bedeutet, »Unseld« und zwar eine dicke, und »Heidelberg« bedeutet Frankfurt), und ich habe mir einen mehrere Jahrzehnte alten Wunsch erfüllt und Chris Howland angequatscht: »Guten Morgen, Herr Howland«, habe ich gesagt, »entschuldigen Sie bitte, dass ich Sie so einfach anquatsche, aber ich möchte mir einen mehrere Jahrzehnte alten Wunsch erfüllen und Ihnen mal was sagen. Meine Eltern haben mir früher immer alles verboten, bis es nichts mehr zu verbieten gab und der pädagogische Ansporn futsch war, aber dann merkten sie, dass ich mich jede Woche auf den Mittwoch freute mit Ihrer Sendung *Spielereien mit Schallplatten*, und da waren sie dann überglücklich, weil sie mir wieder was verbieten konnten.«

»Seltsam«, sagte Chris Howland und hörte sich genauso an wie damals im Radio als Mr. Heinrich Pumpernickel, »das haben mir gestern schon zwei Leute gesagt. Und meine Frau hat es auch gesagt.« Ein Allerweltsschicksal. Dieser Eindruck verstärkt sich noch auf der Heimreise, als unser Schaffner Dr. Weber zu mir sagt: »Kommen Sie mir bekannt vor, oder haben Sie so ein Allerweltsgesicht?« Aber ich greife vor.

Der Buchmessenhöhepunkt war natürlich der Augenblick, als mir der Chefredakteur des führenden Intelligenzblatts *Die Zeit* Rotwein auf die Hose kippte und ich etwas Hierundsonichtwiederzugebendes äußerte. »Oh Gott«, schwante mir, »jetzt habe ich zu meinem eigenen Chefredakteur ›verdammte Scheiße noch mal‹ gesagt. Na gut. Dann bewerbe ich mich eben bei der *taz*.« Wir kamen überein, dass er mir in Zukunft so viel Rotwein auf die Hose kippen darf, wie überhaupt nur draufpasst, und ich dafür *»sapristi!«* oder *»mille tonnerres!«* ausrufe. Danach bin ich noch im »Rohrbach-Stübchen« eingekehrt, wo ich Nordend-Laila einen Sekt ausgab, die daraufhin sagte: »Mit mir kannste iwwer alles redde, sogar diskutieren, Mode, Kunst, Literatur, Politik, praktisch alles.« Als Kostprobe bezeichnete sie Willy Brandt als »Vadälandsverrädä«, woraufhin das gesamte »Rohrbach-Stübchen« wie aus einer Pistole geschossen »Nordend-Laila, halt die Klappe« sagte.

Morgan Entrekin, einer der angenehmsten Hervorbringungen des an angenehmen Hervorbringungen ohnehin nicht armen Bundesstaates Tennessee, erklärte ich Wesen und Eigenart des deutschen Dichters Alban

Nikolai Herbst, der eigentlich, so munkele man, von Ribbentrop heiße. Morgan sagte: »Ich habe so einen seltenen schottischen Nachnamen, dass ich ihn immer buchstabieren muss, aber eine ganze Jahreszeit wäre mir 'n Tick zu üppig. Mit ›Morgan Twilight‹ wäre ich schon hochzufrieden.« Ein zuhörender Herr beginnt plötzlich zu strahlen. »Ich heiße jetzt schon Abendroth«, sagt er beseligt.

Will mir vielleicht jemand meinen ständig von allein aufgehenden Koffer abkaufen? Er hat noch fast zehn Jahre Garantie und sieht, wenn er mal zu ist, richtig gut aus.

Ebenfalls richtig gut, wenn er zu ist, sieht der Laptop der Arno-Schmidt-Stiftung aus, den der Schriftsetzer Friedrich Forssman so programmiert hat, dass man damit Golf spielen kann. Verleger Haffmans schleicht sich von hinten an, sieht den virtuellen Golfspieler und ruft: »Da ist ja Arno! Nach außen den großen Solipsisten mimen, aber ein Handicap wie Bernhard Langer!«

War sonst noch was? Sonst war nichts; das können Sie mir getrost glauben. Nur noch etwas sehr, sehr Schmeichelhaftes. Ein junger Mann sagte zu mir: »Sie schreiben, je älter Sie werden, immer besser.« – »Nicht auszudenken, wenn ich schon als junger Mann zu schreiben angefangen hätte«, sagte ich. – »Entsetzlich, entsetzlich«, sagte der junge Mann.

1998

DIE ZWEITHYMNE

Das war knapp. Heute, am 21. Dezember 1997, bin ich
mit einem Projekt fertig geworden, dessen Ziel die De-
mütigung des Hanser Verlags war. Der Hanser Verlag
hatte nämlich untereinander Wetten abgeschlossen, dass
ich es nicht schaffe, *Zeitbeben*, den letzten Roman von
Kurt Vonnegut, bis Mai 98 fertig zu übersetzen, und
nun liegt er fertig übersetzt da, und der Hanser Verlag
sieht nass aus. Am 2. November habe ich angefangen,
dann musste ich auf Tingeltour (Husum, Bregenz, Salzburg, Erlangen, Nürnberg, Marburg, Gaggenau, Stuttgart, Reutlingen, Heidenheim/Brenz und … Hanau!)
und ein bisschen in der *Lindenstraße* lallen, und nun ist
es doch schon fertig, bis in die letzte Nüance hinein in
Ihr und mein geliebtes Faustisch hingebratzt. Auf Seite
107 des Werks (Kurt Vonnegut, *Zeitbeben*, erscheint bei
Hanser, aber fragen Sie mich bloß nicht, wann) kam
mir die amerikanische Zweithymne *America the Beautiful*
von Katharine Lee Bates unter, und was Jimi Hendrix
1969 in Woodstock mit der amerikanischen Ersthymne
gemacht hat, das hoffe ich mit meiner Nachdichtung
der Zweithymne angetan zu haben. Wenn Sie sich das
nun auch noch von mir gesungen vorstellen, haben Sie
eine ungefähre Ahnung dessen, was hier abgeht. Ich zitiere Ihnen das mal eben weg:

O beautiful for spacious skies,
For amber waves of grain,
For purple mountain majesties
Above the fruited plain!
America! America!
God shed His grace on thee
And crown thy good with brotherhood
From sea to shining sea.

Wie wunderschön die Himmel weit,
Gelb wogt Korn kolossal;
Die Bergwelt trägt ihr lila Kleid,
Und drunten sprießt's im Tal!
Amerika! Amerika!
Gott sei dir zugetan;
Krön' deine Kraft mit Brüderschaft
Von O- zu Ozean.

Und nun setzen Sie sich bitte wieder hin. Bill Ramsey, dem ich dies zur Kontrolle am Telefon vorgesungen habe, sagte: »Erst auf Deutsch merkt man, wie scheiße das Original ist.« Das hat die deutsche Sprache so an sich. Deshalb wird ja auch so gern in sie hineinübersetzt und so ungern aus ihr heraus. (Sage ich, als stünde ich neben der deutschen Sprache und betrachtete sie mit avunkularischem Wohlgefallen: »Unsere Lütte. Die wird es leicht haben dereinst.«)

Und warum ich »... und Hanau!« geschrieben habe? Wo ich doch Metropolen wie Schwaz (Tirol) nicht mal erwähnte? Hier weiterlesen.

Erst mal Salzburg. In Salzburg hatte ich die Ehre, den Vorzug und das Vergnügen, Michael O'Nolan kennenlernen zu dürfen, den kleinen Bruder von Flann (wir erheben uns wieder von unseren Plätzen) O'Brien. Und Michael O'Nolan erzählte mir eine Geschichte aus der Kolumne seines Bruders, von der er annahm, dass sie mir entgangen ist, weil sie in nachgemachtem irischem Gälisch verfasst worden war, so, dass der Leser denkt, ach, Quatsch, das ist Irisch; das versteh ich nicht, aber wenn man sich hineinvertieft, merkt man, dass man es doch versteht. *Ntoáois eíst, oéillsbh sreíbeaigh moáinbh* (ächz!), als schriebe man Deutsch nach irgendwelchen verschärften Vorschriften; wie Französisch: Die eine Hälfte dieses Überangebots von Buchstaben lässt man weg; die andere Hälfte spricht man anders aus. *Šapó.* Jetzt wissen Sie, wie man Irisch spricht, und nun kommt auch die verschlüsselte Geschichte.

Ein junger Mann bei der Musterung. Der Stabsarzt deutet auf die obere Zeile und fragt: »Was ist das für ein Buchstabe?« Der junge Mann schreit: »BUCHSTABE??? WO???« Der Stabsarzt sagt: »Hier, auf dieser Tafel.« Der junge Mann schreit: »TAFEL??? WO??« Der Stabsarzt sagt, unendlich geduldig: »Auf der Tafel, vor der Sie sitzen.« Der junge Mensch schreit: »ICH SITZE??? WO???« Der Stabsarzt sagt: »Auf einem Stuhl.« Der junge Mensch (springt auf)· »ICH SITZE??? AUF EINEM STUHL??? WO???« – Eine Woche später sitzt der junge Mensch zufällig neben dem Stabsarzt im Kino. Der junge Mensch (schreit den Stabsarzt an): »ENTSCHULDIGEN SIE, GNÄDIGSTE!!! IST DIES DIE LINIE 6 NACH ISLINGTON???«

Dann kam die Vorvorvorpremiere des Off-off-off-Films *In Schwimmen-zwei-Vögel* von Kurt Palm, nach der bekannten Romanvorlage von Flann O' (Sie stehen ja immer noch) Brien, in welchem ich zwei Kleinrollen verkörpere, und das Schicksal hatte es gefügt, dass ich zwischen zwei wunderschönen Frauen zu sitzen kam, welche ich immer, wenn ich dran war, erst nach links anknuffte (»Das, auf dem Felsen, das bin jetzt ich«) und dann nach rechts anpuffte (»Der auf dem Felsen, das, äh, bin ich«), und wenn ich nur in Gestalt einer elektronisch verfremdeten Stimme als körperlose gute Fee zu hören war, habe ich (knuff) gesagt: »Das hätten S' jetzt nicht gedacht; das ist jetzt meine Stimme«, und nach rechts (puff): »Was Sie da jetzt hören, das ist nämlich meine Stimme, allerdings elektronisch verfremdet. Ich kann Ihnen das notfalls technisch erklären.« — »Wenn Sie mal«, schallt es von links (knuff) herüber, »einen Augenblick lang die Klappe halten könnten«, wird von rechts (puff) sekundiert, »könnten wir uns diesen Film in Ruhe zu Ende ansehen.« — »Es ist ja auch nur, dass ihr einen Genuss habts«, sage ich betont landessprachlich zu Frau Knuff (links) und zu Frau Puff (rechts) und lehne mich zurück, um den Film zu genießen. »Das bin jetzt wieder ich«, wage ich einen Vorstoß, aber Knuff und Puff haben ein bekanntes Gesicht erkannt und rufen (»Pscht«, sage ich noch, »wir sind hier schließlich im Kino!«): »Da ist ja der Wolfi Bauer!«

Ich überspringe jetzt rasch Erlangen, Nürnberg,

Marburg, Gaggenau, Stuttgart (wo mir die dortige Buchhandlung Wittwer noch DM 62,10 Fahrtkosten schuldet und mir ansonsten dermaßen gestohlen bleiben kann) und komme auf Hanau ...?

... Hanau!

Hanau ist Xanadu ohne d. Und mit H vorne links.

EIN VIRTUELLER SCHUNDROMAN

Sie fragen sich wahrscheinlich, warum ich seit über einem halben Jahr keine *Corner* mehr geschrieben habe. Die Münchner *AZ* bezeichnete mich bereits als »Ex-*Zeit*-Kolumnisten«, allgemein wurde gemunkelt, ich »könne« nicht mit »der Löffler«, dabei ist alles ganz anders und ganz einfach.

Vor sieben Monaten fiel mir ein Anfang ein, der so schön war, dass danach nichts angemessen Schönes mehr kommen konnte. Dieser Anfang aber ging so:

Im übertragenen Sinne − und ich als Übersetzer und Zehnmonatskind weiß, wovon ich rede, wenn ich »übertragen« sage −

Sehen Sie, da sind selbst Sie baff.

In der wöchentlich erscheinenden Wochenzeitung *Die Woche* − mein Zahnarzt fragte mich mal, ob *Die Woche* ein Wochenblatt sei, und ich erwiderte, denn diese Sprache versteht der Zahnarzt: »Nein, sie erscheint dreimal täglich nach den Mahlzeiten, Herr Doktor« − läuft gerade eine Serie, in der deutsche Intellektuelle bekennen, was sie am 27. September wählen wollen, und ich als Übersetzer und Zehnmonatskind finde natürlich den Teil am schönsten, in dem ich als Intellektueller bezeichnet werde, und am zweitschönsten finde ich das bebilderte Inhaltsverzeichnis auf Seite 2, denn außer mir bekennen sich in dieser Folge meine Intellektuellenkollegen Wolf Jobst Siedler und F. C. Delius, so dass man rechts ein Foto von mir sieht, während sich links Delius angstvoll an Siedlern und Siedler sich besorgt an Delium schmiegt, alles natürlich in Farbe.

In meiner Eigenschaft als Übersetzer habe ich gerade den Satz »Sie trug das Haar in verwahrlosten Zotteln, schalt kurz das Kind, sammelte es dann in ihre Arme und begrub ihre scharfgeschnittenen Züge in dessen Magengrube« hingetippt, und wenn man so was hintippt, durchströmt einen ein ungeheures Glücksgefühl, weil man nicht selbst Schriftsteller geworden ist und nicht immer solche Sätze erfinden muss, denn wenn man Schriftsteller geworden wäre, würde man unter Garantie solche Sätze hintippen; ich jedenfalls.

Eins meiner Lieblingsbücher mit einem klasse Anfang und einem noch klasseren Schluss hieß *Mann gegen Mann* und war ein nicht zurückgegebener Leihbücherei-Western. Anfang und Schluss zitiere ich Ihnen, und wenn Sie sich die 210 Seiten dazwischen vorstellen, haben Sie was für den Stau und obendrein Geld gespart:

John Rock oder der Teufel. Das sagten sie alle.

»Sterne«, murmelte er sinnlos. »Millionen und Abermillionen von Sternen.« Dann wurde es schwarz. Und dies war nun das virtuelle Buch, voll interaktiv, präsentiert von Ihrer guten, alten, allem Neuen notorisch aufgeschlossenen *Zeit*. *John Rock oder der Teufel* ist auf jeden

Fall schon mal ein besserer Anfang als »Jemand musste Josef K. verläumdet haben« mit ä, aber vielleicht bin ich zu kritisch.

»Wenn Sie so kritisch sind«, fragte mich Produktionsassistentin Katrin Fuchs (»Fuchs wie das Tier«, sagt sie am Telefon), »was macht für Sie denn einen guten Schauspieler aus?«

»Wenn zum Beispiel«, sagte ich, denn darüber hatte ich lange nachgedacht, »Will Quadflieg den *Kinderkreuzzug* von Brecht so aufsagt, dass ich weinen muss, dann kann das jeder Arsch, aber wenn zum Beispiel in meiner kleinen *Lindenstraße* die Leute so gut sind, dass man gar nicht merkt, dass sie gut sind –, das ist Kunst.«

»Ich könnt Ihnen stundenlang zuhören«, sagte Katrin »Wie-das-Tier« Fuchs, »aber Sie sehen ja selbst, was hier los ist. Übermorgen müssen wir nach Italien, eine Strandszene drehen, und das Meer kann man, wie Sie wissen, nicht doubeln.«

Das Meer kann man nicht doubeln. Wie ich weiß.

Nicht einmal ich könnte das Meer doubeln. Was ich aber offenbar jederzeit doubeln könnte, ist Adi. Wenn man schon überlegt, vielleicht doch nach Beverly Hills ins Prominenten-Ghetto zu ziehen, weil man wieder im Supermarkt 72 kreischenden Backfischen mit Spezialstift Autogramme aufs T-Shirt krakeln musste, kommt jemand und sagt: »Mensch, Adi. Kennst mich nicht mehr? Du hast doch vor vier Jahren bei uns die Elektronik eingezogen, Alter.« Nur gut, dass sie offenbar immer noch nicht kaputt ist. Da doubel ich im Ernstfall doch lieber das Meer, gern auch im übertra-

genen Sinne, denn wenn jemand weiß, was eine über-
strapazierte Überleitung ist, dann bin ich das, in meiner
Eigenschaft als Zehnmonatskind.

MIT VONNEGUT AUF TINGELTOUR

Nachdem ich nun also (*Zeit*-Leser erinnern sich) in Rekordzeit *Zeitbeben* von Kurt Vonnegut für Hanser übersetzt hatte, konnte es losgehen. Beim Übersetzen hatte ich mir gedacht: »Dies scheint mir weniger der letzte Roman von Vonnegut zu sein als das letzte Kapitel des Riesenromans, an dem er nun schon ein Leben lang schreibt.« Dann las ich einen Bericht im *New Yorker*, und da wurde er folgendermaßen zitiert: »Eigentlich ist *Zeitbeben* weniger mein letzter Roman als vielmehr das letzte Kapitel des einen Romans, an dem ich nun schon ein Leben lang schreibe.« – »Der Mann versteht mich«, habe ich da gedacht. »Mit dem kann man arbeiten.«

Und nun sollte es losgehen, 5. bis 7. Oktober, München, Leipzig, Dresden. »Warum denn ausgerechnet München, Leipzig, Dresden?«, fragte mein Freund Ebi. »München wegen Hanser, Leipzig aus Quatsch und Dresden wegen Dresden.« – »Sag das doch gleich«, sagte Ebi.

Kurt Vonnegut ist ein ganz besonderer Schriftsteller: ein humanitärer Aufklärer, der sich gleichwohl wegliest wie nix. Eine Dame schrieb mir, sie sei bei der Lektüre vor Lachen fast aus dem Bett gefallen, obwohl das Buch sie auch sehr nachdenklich gestimmt habe, aber: »Vor Nachdenklichkeit fällt man ja nicht aus dem Bett, oder?« Es ist also fast so schön, als ginge man mit Karl May auf Lesereise.

Kört (wie ich ihn inzwischen nenne) spielt immer ein kleines Spiel mit dem Publikum: »Jeder, der schon einmal bei einem Lehrer den Eindruck hatte, das ist jetzt mal keine Zeitverschwendung, das bringt mich jetzt echt weiter, soll die Hand heben und seinem Nebenmann oder seiner Nebenfrau den Namen des Lehrers sagen.« Allgemeines Heben der Hand, allgemeines Gemurmel. Kört hebt die Hand und sagt zu mir: »C. W. Bean« (oder so ähnlich), ich hebe die Hand und sage: »Herr Glockauer.«

Zum Schluss kommt ein sehr lehrreiches Abendstudium in *Creative Writing*. Es ist bereits das Eintrittsgeld mehr als wert und dauert genau 60 Sekunden. Sie lesen hier die leicht gekürzte Fassung. »Schmeißen Sie um Gottes willen die ersten dreißig Seiten weg. Da erklärt der Autor immer, wer er ist und was jetzt kommt, und das will kein Schwein wissen. Führen Sie einen Jago ein, einen Schurken, der überall Reißzwecken auf die Stühle legt und die langweiligen *good guys* auf Touren bringt, und erklären Sie bitte nicht, warum er so böse geworden ist, dass er z.B. als Kind missbraucht wurde oder so. Dazu ist er viel zu wertvoll.«

In München fahren jeden Tag um 10:51 Uhr zwei Züge in Richtung Beitrittsgebiet. Kurt Vonnegut und Barbara Schindler vom Hanser Verlag nehmen den einen, ich den andern. In meinem – falschen – Zug ist es unerträglich heiß. Ich öffne ein Fenster einen kleinen Spalt weit. Ein junger Mensch lächelt mokant und macht es wieder zu. »So was gehört doch verhaftet«, denke ich. Drei Männer und eine Frau betreten das Abteil, weisen sich als Zivilstreife aus und verhaften den Mokanten, richtig mit Handschellen und allem Drum und Dran, aus dem Zug heraus, wie man später der Presse entnehmen wird. »Das ging ja schnell«, denke ich. – In Leipzig, in der Stadtbibliothek, hält Friedemann Berger eine Rede. »... und wenn diese Veranstaltung schon sonst keinen Sinn gehabt haben sollte«, sagt er abschließend, »dann doch immerhin den, Sie, sehr verehrter Herr Vonnegut, und Sie, lieber Herr Rowohlt, wenigstens für heute Abend von der Frankfurter Buchmesseneröffnung ferngehalten zu haben.«

In Dresden beginnt Kört dann Wirkung zu zeigen; gar zu blöd sind die Journalisten und ihre Fragen. »Man sollte einen Intelligenztest für Journalisten einführen«, schlägt Barbara Schindler vor. Kört sagt: »Dann gäbe es aber keine Zeitungen mehr«, und ich sage: »und man könnte morgens nur Zigaretten und Brötchen holen.«

Das Schönste sind unsere langen Bahnfahrten. Ich entzücke Kört mit dem Spruch von Flann O'Brien, warum er Gotteslästerer meide: »Wenn es Gott nicht gibt, wozu Ihn lästern? Und wenn es Ihn gibt –: Wer garantiert mir, dass Er zielen kann?« Nur leider wird mein Englisch immer lausiger. Ich glaube, mit jedem übersetzten Buch wird mein Englisch 8 Punkte lausiger. Das kommt vom Nachschlagen. Jedes dritte Wort schlägt man vorsichtshalber nach, und wenn man dann was sagen soll, fehlt einem der Webster. Kört ist glücklicherweise nicht so höflich, dass er sich das nicht anmerken lässt, sondern er verletzt mich mit feinem Spott. Einmal reißt er mir *Zeitbeben* aus der Hand, um den Prolog selbst auf Deutsch vorzulesen, aber das erste Wort ist eine Zahl, 1952, und er scheitert kläglich. Außerdem stellt sich heraus, dass ich mehr ethnische Witze kann als Kört, aber einen von seinen kriegen Sie hier geboten: Ein Bus mit 49 Schwarzen und einem Weißen. Wie lautet die korrekte Anrede für den Weißen? Na? Sir? Massa? Nix. Coach.

Zum Schluss, kurz vor Frankfurt, sagt er: »Ich habe zwei Geschenke für dich.« Kunstpause. »Eins ist ein Hirschgeweih.« (War aber – Sie haben es erraten – gar nicht wahr.) Dann sagt er: »Was ist eigentlich mit dem anderen Frankfurt?« – »Frankfurt an der Oder? Man weiß es nicht so genau. Ich weiß nur, dass dort eine gemeinsame deutsch-polnische Universität gegründet wurde.« Er mustert mich abwartend. *»So where's the joke?«,* fragt er dann.

Die Frankfurter Buchmesse ist dann wie immer sehr schön, diesmal aber ganz besonders, weil ich – außer Barbara Schindler – weit und breit der Einzige bin, der gerade mit Kurt Vonnegut auf Lesereise war und entsprechend prahlen kann, aber allzu lange kann das nicht gutgehen, und so schlägt dann das Schicksal in Gestalt des amerikanischen Verlegers Morgan Entrekin zu, der sich so feurig auf mich stürzt, um mich zu umfangen, dass ich mir auf dem polierten Marmor vom Frankfurter Hof das rechte Knie eindelle. Fragen Sie nach Flying Morgan, the Human Projectile.

Da war dann Schluss für mich mit Messe, denn den

Anblick von mir Humpelndem gönne ich meinen Feinden und Neidern nicht. Bis ich einen Termin beim Orthopäden kriege, bediene ich mich eines Stocks, der sinnreicherweise einen Stockdegen in sich verbirgt, und wenn wieder ein Morgan geflogen kommt, spieße ich ihn auf wie Ernst Jünger einen Käfer oder wie Nabokov einen Admiral, je nachdem, damit Sie endlich mal einen bis zwei literarische Vergleiche zu lesen kriegen.

1999

HAM-, FREI- UND
WIEDER HAMBURG

Frei-, Augs- und Regensburg, Düsseldorf, Wien, Wien, Wien, Wien, Frankfurter Buchmesse, Frankfurter Buchmesse, Frankfurter Buchmesse. Aber zuerst mal Ellwangen, 73479 Ellwangen/Jagst an der Ostalb, welches sich durch eine Kneipe namens »Finnegans Wake« auszeichnet. »Established 1997« steht draußen großfressig auf dem Firmenschild, welches knarrend im Winde schaukelt, als wäre es mindestens das Schild der Taverne Admiral Benbow ganz vorne in der *Schatzinsel*. Innen: Frl. Schmitz von der *Schwäbischen Post* schickt sich an, mich zu interviewen. »Herr Rowohlt«, sagt sie, »Sie schrieben einmal, bei Schwäbisch ziehe sich Ihnen das Skrotum zusammen. Isch des im Augeblick au dr Fall?« – Muss man sich um diese Jugend Sorgen machen? Ich finde: nein. Man hat die Fackel weitergereicht, man kann sich glatt wieder hinlegen.

Ich begleite den von mir übersetzten Autor David Sedaris nach Frei-, Augs-, Regensburg und Düsseldorf. Wir lesen abwechselnd, einmal sogar mit verteilten Rollen, aber nicht erst er auf Englisch und dann ich dasselbe noch mal auf Deutsch, denn wir machen hier ja keinen Leistungskurs Amerikanisch II, sondern eine Dichterlesung. Man weiß also nicht, wie viel tatsächlich verstanden wird. In Freiburg entstammt das Publikum hauptsächlich dem Akadém; wieder braucht man sich keine Sorgen zu machen. In Augsburg herrscht sowieso eine Bombenstimmung; da ist es ganz wurscht, was wir lesen. In Regensburg ist geschlossen ein *platoon* Amis erschienen. Die haben *Nackt*, David Sedaris' erstes auf Deutsch erschienenes Buch, bereits in ihrer *reading group* gelesen und amüsieren sich wie Bolle. Dann lesen wir aus *Holidays on Ice*, seinem zweiten Buch, die Amis glotzen still und bovin und lassen ihr Bubblegum poppen. Über jedem Einzelnen schwebt eine Denkblase mit einem Fragezeichen drin. Das Buch hatten sie noch nicht durchgenommen. In Düsseldorf wartet das Publikum gesittet das Ende der Dichterlesung ab und geht dann wieder.

Nun zerstreut es uns in alle Winde. David fliegt nach Paris, Katja »Früchtejoghurt« Scholtz vom Haffmans Verlag, die uns betreut hat, und ich: Wir winken und weinen. Dann ich nach Wien, dann Katja nach Zürich, ich winke und weine, dann kommt aber mein Zug vor Katjas Zug, und Katja winkt und weint, und allmählich klappt das wie geschmiert, und man kann es so lassen.

In Wien soll ich zunächst an der Selbstauflösungs-veranstaltung vom »Sparverein Die Unzertrennlichen« mitwirken, indem ich ziemlich zu Anfang Kinderge-dichte von Shel Silverstein vortrage, zuerst im ame-rikanischen Original, mit der Original-Stimme von Shel Silverstein, dann meine deutsche Nachdichtung, mit meiner deutschen Nachdichterstimme, und ziem-lich gegen Ende den berüchtigten Einakter *Durst* von

Flann O'Brien mit vier verteilten Rollen. Berüchtigt ist der Einakter, weil ich die Regieanweisungen *(Schenkt sich nach und stürzt das Getränk eilig herunter)* sklavisch befolge. Auf dem Programmplan steht neben *Durst* in Klammern (38), wie sonst nur bei Lothar Matthäus (38), ich leihe mir eine Stoppuhr aus und komme auf (41.12). Das muss man also noch ein paarmal üben.

Einer der Höhepunkte des Abgesangs ist mein alter Freund Fritz Ostermayer, der seit 1991 mit voller Namensnennung in der *Zeit* stehen möchte, was hiermit (FRITZ) geschieht (OSTERMAYER), und der zuerst einen wenig bekannten Text von Franz Kafka zur Unfallverhütung bei Hobelmaschinen vorlas und dann den *Verräter* von Max Brod panierte. Dabei kann man Bücher gar nicht ordentlich panieren. Ich sage nur: »Schutzumschlag!« Immerhin fühlte ich mich ganz schön epatiert, und am nächsten Tag, im Café Eiles, dachte ich: »Hier riecht es, als würde gerade *Der Verräter* von Max Brod paniert.«

Im Café Eiles traf ich mich mit Team und Ensemble der schwulen Stegreif-Soap-Opera *Honigbrot* zu einer kurzen Vorbesprechung. *Honigbrot* läuft seit vielen Jahren mit großem Erfolg jeden Samstagabend um zehn im Grazer Theater im Bahnhof, Jochen Herdieckerhoff hat es für sein Festival »Wien ist andersrum« nach Wien geholt, die Wiener haben es geliebt und wollten es nicht wieder hergeben, und nun gastiert *Honigbrot* manchmal sonntags im Metropoldi, dem kleinen Saal des Metropol in Hernals. (Am 21./22. Oktober in München, Fastfood Theater, allerdings ohne mich, höhö.)

Und nun begann ich doch ernsthaft zu zagen. Das hatte ich nicht gewollt. Improvisiert hatte ich bisher immer nur insofern, als ich mir keinen Text merken kann, aber wenn selbst der fehlt??? Die vorgegebene Handlung hilft einem auch nicht weiter. Manfred und Heinz sind eine schwule WG in Graz; Dora wohnt unterm Dach, ist erfolglose Künstlerin und kommt immer zu Besuch, um eine Tasse Zucker zu borgen. In jeder Folge kommt ein Überraschungsgast vor (und zwar diesmal ich; gar nicht dran denken), und das Publikum bestimmt, wie es weitergehen soll. Entsetzlich.

Abends die ersten Absetzbewegungen: »Du, Jochen, findest du nicht auch, der Schriftzug ›Metropol‹ sieht aus wie ›Metzgerei‹?« Jochen räumt Tische und Stühle zurecht. »Du, Jochen, das finde ich hochanständig, dass du mir einen Fluchtweg bahnst. Du, Jochen, wenn du dich jetzt an meinem Scheitern weidest, dann ist das nicht mehr als in vielen Jahren aufgestaute Freundespflicht, die ich gern demütig abzutragen bereit bin, wenn es nur kein Stegreiftheater ist.« Es hilft alles nichts. Ich werde in die Garderobe geschubst. »Ach, der Duft von Fettschminke, die Bühnenluft … Wie würde meine Mutter (die mal Schauspielerin war) das genießen …, allerdings«, Blick auf die Uhr, »nur noch etwa zehn Minuten lang.« Ich stehle mich nach draußen. Draußen steht eine vier Meter hohe, unüberwindbare Mauer. Ich schlurfe zurück in die Garderobe: »Du, Jochen, draußen kann man den Himmel sehen, ein kleines Quadrat Freiheit, ganz weit oben.« Farewell.

Dann schlägt es zwanzig, Jochen geht auf die Bühne,

sagt ein paar einleitende Worte, und ich verstehe nur den Schluss: »… ist der Einzige, der im Gegensatz zu den Schauspielern und Ihnen nicht weiß, worum es hier überhaupt geht, der Überraschungsgast.«

Nun wüssten Sie wahrscheinlich gern, was ich improvisiert habe. Das kann ich gut verstehen. Ich wüsste es nämlich auch gern. Ich weiß aber nur noch, dass wir fast fünfzehn Minuten länger gespielt haben als nötig und dass ich »Manfred« und »Heinz« und »Dora« unendlich bewundert habe ob ihres schnellen Witzes und ihrer Spielklugheit. Gern hätte ich sie stumm bewundert, stumm und im Zuschauerraum, aber das ging nun schlecht.

Als es vorbei ist und wir uns x-mal verbeugen, wird mir klar, dass dies eigentlich nichts als ein Kindergeburtstag war: ein überhöhtes Topfschlagen. Schade, dass so was erst immer hinterher Spaß macht, weil man währenddessen nicht wusste, worum es überhaupt ging.

Am nächsten Tag habe ich frei und schlafe wie totgeschlagen. Abends steht im *Kurier:* »Das Publikum entscheidet, hält die Fäden in der Hand und kommt voll auf seine Rechnung. Pointen zünden; das Stegreifspiel lässt viele Lacher zu … Fortsetzung erwünscht.« Sag ich doch die ganze Zeit.

Noch eine kleine Routinelesung, im Sitzen, allein und unimprovisiert, und ab nach Frankfurt, zur Buchmesse … Halt, noch nicht so ganz. Zuerst kommt die dramaturgisch dringend gebotene Taxifahrt. Hinten sitzen Jochen Herdieckerhoff und der frischgebackene Haffmans-Autor Dr. Klaus »Čik« Ferentschik, vorne sitze, weil ich gerade Gage bekommen habe, ich, der Taxifahrer redet wie ein Taxifahrer auf sein Handy ein und fährt, weil er sich nicht auf mehr als eine Sache konzentrieren kann, Schlangenlinien. Mir wird immer mulmiger, und ich wende den Trick gegen Handybenutzer an, den ich vom TOM-Comic in der *taz* gelernt habe. Man geht ganz nah ran und sagt: »Komm zurück ins Bett; mir ist kalt.« Und da hat er über Funk die Polizei gerufen: ich hätte ihn bedroht. Vier PolizistInnen (danke, *taz*) umstellen uns, Jochen und Čik haben, wiewohl Ausländer, keinerlei Perso dabei, und ich sage mit großer Gebärde: »Keine Sorge, ich habe meinen Reisepass, allerdings …«, an die PolizistInnen gewandt und wegen des günstigen Abschneidens der FPÖ mit deutlichem Unterton, »… leider keinen Ariernachweis.«

Das ist sehr viel mutiger, als Sie glauben, da Österreich nur unter Vorbehalt der Genfer Menschenrechtskonvention beigetreten ist und die einen hier in U-Haft vergammeln lassen können, bis der Sozialismus kommt.

In Frankfurt lerne ich endlich meinen ersten Literatur-Nobelpreisträger kennen. Nein, nicht, was Sie jetzt wieder denken, sondern ich sitze plötzlich neben Toni Morrison und erzähle ihr, wie die ersten netten Worte lauteten, die ich je auf amerikanischem Boden gehört habe: »*Let the hippie kid finish his drink in peace; at least he's a white man.*« – »Wann war das?«, fragt sie. – »1969.« – »Ja, das war ein gutes Jahr für so was.« (Gar nicht wahr, Halldór Kiljan Laxness war mein erster Literatur-Nobelpreisträger. Doch das nur so, äh, nebenbei.)

Der achte Heinrich-Maria-Ledig-Rowohlt-Über-

setzerpreis geht hochverdient an meinen alten Kampfgefährten Michael Walter, und der hat sich für seine
Dankrede etwas sehr Zierliches ausgedacht: Er hält sie
auf Englisch, aber mit deutscher Syntax, und das hört
sich sehr, sehr angelsächsisch an. Die Arabisch-Über-
setzerin Doris Kilias bekommt den Jane-Scatcherd-
Preis und erzählt in ihrer Dankrede, dass sie einmal ein
hiesiger Literaturpapst gefragt hat, ob es in Ägypten
überhaupt eine Literatur gäbe, und der Träger des neu-
geschaffenen Paul-Scheerbart-Preises für Lyrik-Über-
setzung, Manfred Peter Hein, hat es leicht mit seiner
Dankrede, denn deren Kernstück hat ihm Paul Scheer-
bart geliefert:

Mein Herz ist über-, übervoll –
Ich weiß nicht, was ich sagen soll.

Zum Dank für diese Dankrede singe ich ihm, weil er
in Helsinki wohnt und aus dem Finnischen übersetzt,
den Anfang eines auch auf Deutsch erhältlichen finnischen Tangos vor, den ich mal im Fernsehen gehört
habe und der so neugierig macht wie sonst kaum je ein
Liedanfang:

Ich saß auf der Bank
Im Park vor unserem (schnipp!) Parlament …

Er lässt sich nicht lange lumpen, stimmt auf Finnisch
einen Tango über St. Pauli und die Reeperbahn an,
und danach ging die Buchmesse höchstwahrscheinlich
wieder weiter, aber der Gesang hatte mir bewusstge-
macht, wie lange ich schon nicht mehr zu Hause gewesen war. Also wieder Eisenbahn, also ab nach Norden.
Im Bordtreff sagte der Schaffner ganz laut: »Ich hab ja

DVU gewählt, aber wenn ich das laut sage, kann ich zu Fuß nach Hause gehen.« – »Guter Spruch«, lobe ich, »aber Punktabzug wegen Ohrrings.«

»Von nächster Woche an bin ich in einer anderen Filiale«, sagt zu Hause der Türke, bei dem ich Brötchen hole. »Ich möchte weinen, aber es klappt nicht.«

2000

RÄTSELHAFTES DRAMOLETT

Die Aufforderungen aus den unterschiedlichsten *Zeit*-Ressorts, z.B. etwas über *Big Brother* (»Nein!! Langweilige junge Menschen werden dadurch, dass man sie zusammenpfercht, nicht interessanter. Außerdem habe ich zur Prime Time meist anderes zu tun.« »Dann nehmen Sie's doch auf Video auf.« »Ich habe kein Video. Video haben heißt Gott versuchen. Was verpasst ist, ist verpasst, und alles andere ist vom Übel«) oder über die Love Parade (»Nein!! Wenn hässliche junge Menschen aus Pinneberg zur Dumpfmucke mit ihrer Beringung schlackern und dabei unter sich defäzieren, bis die Kochsalzlösung kommt, so ist das für mich von keinerleiem *news value*.«) zu schreiben, perlen an mir ab, aber inzwischen kommen Bekenner-Haftis an der Wohnungstür (»Harry, mach hinne, schreib eine *Corner*, sonst … C.«) und rotgelbe Drohpostkarten (»Wenn Sie nicht bald wieder eine *Pooh's Corner* schreiben, schreibe ich eine, und wie die aussieht, können Sie sich vorstellen. Mit freundlichen Grüßen, Ihr F. Unleserlich«), weshalb's drum sei. Liebe C., lieber Herr Unleserlich, ich habe neulich ein Dramolett erlebt, welches sicher einen Sinn hatte, er hat sich mir nur nicht erschlossen. Es spielte auf dem Herrenklo einer kleinen Gastwirtschaft in Hamburg-Eppendorf und ging so …

Personen: Ich (am Pinkelbecken), Mann 1 (zierlich; Dreiteiler), Mann 2 (unsichtbar hinter der Tür des Klos für »großes Geschäft«, wie man so sagt)

Mann 1: Um es zu resümieren: Was wir brauchen, sind zupackende junge Menschen mit Initiative, mit Vision, keine misanthropischen Einsiedler, die hinter sich die Tür zuschließen.

Mann 2: Sie sollen Rebecca zu mir sagen.

Mann 1: Alles, was Sie wollen, Herr Becker. Wir suchen junge Menschen, die das Leben als das sehen, was es ist, nämlich eine permanente Schnäppchenjagd, junge Menschen, die ihre Fühler ausstrecken, die immer hellwach sind …

Mann 2 (ächzt): Sie sollen Rebecca zu mir sagen.

Mann 1: Na schön, Rebecca. Aber Sie sehen wohl, worauf ich hinauswill: auf Visionen. Auf Initiative. Auf Geschwindigkeit. Aufs Zupacken.

Ich (habe fertig gepinkelt; interessiert): Stellen Sie hier eine Drückerkolonne zusammen?

Mann 1 (ungnädig): Dies ist ein Einzelgespräch.

Ich: 'tschuldigung.

Mann 1 (wendet sich wieder Mann 2 zu): Wissen Sie, von wem ich gerade Besuch hatte?

Mann 2: Von wem?

Mann 1: Ich hatte gerade Besuch aus der *Lindenstraße*.

Mann 2 (nun doch beeindruckt): Echt wahr?

Die Reaktionen anerkannt kluger Menschen, denen ich dies vortrug, reichten von weiterführenden Fragen (Daniel Böhmer: »Und als was für ein Mensch hat sich Rebecca entpuppt?« – Ich: »Ein Kerl wie ein Baum.«)

bis Neid (Oberforstrat Werner Krämer: »Wenn ich wieder in Hamburg bin, gehe ich da auch mal hin. Haben die da feste Zeiten?«).

Wer hat das verstanden? Wer kann mir helfen? Truutschke fragt: War's wer?

2005

LEITBACHE (RAUSCHIG)

Zunächst muss ich mich dafür entschuldigen (oder loben lassen; je nachdem), dass ich so lange keine *Corner* mehr geschrieben habe: Ich habe meine Kolumnen mit wachsendem Unmut gelesen und fand, ich kann sie Leuten, die sie nicht mal selbst geschrieben haben, noch weniger zumuten als mir. Nun wollen wir mal sehen, ob es noch geht.

Tingeltourerlebnis Nr. 1. Heide/Holstein. Ein junger Mensch legt mir in der Pause ein Buch zum Signieren hin. Ich (routinemäßig): »Für wen?« Junger Mensch (bockig): »Wie, für wen?! Für Doris; für wen denn wohl sonst??« (Dies als kleiner Vorweihnachtsgruß an alle Doris' dieser Welt.)

Tingeltourerlebnis Nr. 2. Bad Segeberg. Ich schwalle auf das Publikum ein: »Neulich bin ich in der Eisenbahn auf ein aufgegebenes Exemplar *Wild und Hund* gestoßen und habe es manisch wie alles von vorn bis hinten durchgelesen. Seitdem versuche ich, den Satz ›Es ist nicht produktiv, die Leitbache zu strecken, weil sie mit ihrer Rauschigkeit die Rauschigkeit der gesamten Rotte bestimmt‹ wieder loszuwerden. Vielleicht gelingt mir das ja in Bad Segeberg.« Nach der Lesung – ich hatte das längst vergessen – kommt ein Pärchen mit wildem Flunsch zu mir. Pärchen: »Da hast du ja wirklich ganze Arbeit geleistet.« Ich: »Wiewas?« Pärchen (schwerstmuff; unisono): »Es ist nicht produktiv, die Leitbache zu strecken, weil sie mit ihrer Rauschigkeit die Rauschigkeit der gesamten Rotte bestimmt.«

Tingeltourerlebnis Nr. 3. Freizeitzentrum Hamburg-Schnelsen. Ich (zu Dieter): »Man hatte mir gesagt, ich solle mich an Dieter wenden. Sind Sie Dieter?« Dieter (verschlossen): »Ja, aber ich möchte nicht darüber sprechen.«

Im Hotelzimmer liegt eine *Hörzu* auf dem Fernseher. Nach etwa 45 Jahren meine erste *Hörzu*! Gierig stürze ich mich drauf, hoffe wohl unterbewusst auf einen *Wild und Hund*-ähnlichen Genuss. In einem Editorial schreibt ein Redakteur, offenbar beauftragt, die beiden öffentlich-rechtlichen Boulevardmagazine *Brisant* und *Leute heute* zugunsten der privat angebotenen Unterhosensendungen niederzumachen, er interessiere sich nicht für Veränderungen im Hause Monaco. »Solltest du aber«, schelte ich ihn halblaut, als ginge mich das was an, »denn dann wüsstest du, dass das Ding das Haus Grimaldi heißt.« Gegenüber in der Sparte »Ja bitte / Nein danke« unter »Nein danke« mit der Überschrift »Tödliche Langeweile« meine absolute Lieblingsserie, nein, nicht, was Sie denken, sondern *Adelheid und ihre Mörder*. Jetzt werden wieder etwa 45 Jahre vergehen, bis ich erneut eine *Hörzu* aufschlage.

Seit Jahrzehnten sage ich, wir Deutschen brauchten uns über die Ödnis unserer Gegenwartsliteratur nicht zu wundern, hätten wir doch ohne Not unsere kreative Elite teils umgebracht und teils vertrieben, und nun kommt endlich der iranische Präsident Mahmud Ahmadinedschad mit dem wunderbaren Vorschlag an, die Israelis nach Deutschland und Österreich umzusiedeln. Mit einem Schlag bzw. nach ein, zwei Generatiönchen begönne die Ödnis zu blühen!

Sorgen, dass unsere Neujuden uns wie Palästinenser behandeln würden, brauchen wir uns, glaube ich, nicht zu machen. Wir stellen ihnen einfach unsere mickrigen, hässlichen Neonazis als Palästinenser-Ersatz zur Verfügung. Die würden ohnehin aufleben, weil sie bisher in ihrem judenfreien Antisemitismus versauern mussten, und bekämen endlich mal fundiert aufs Maul. Unsere Neonazis können jetzt schon mal im Wald das Selbstmordattentat üben, mit 1:1 scharfem TNT um den Bierbauch, so dass selbst die rauschigste Leitbache die Sache um eine Woche verschiebt.

Und wenn die *Zeit im Bild*-Nachrichten im ORF nicht mehr von Bauerntrampeln aus dem Mühlviertel verlesen würden, sondern von hinreißend schönen Sephardinnen, hätte sich die Aktion schon gelohnt.

2006

KRANKHEITEN

Hallo, Herr Grau in Bamberg! Nicht weiterlesen! Sie ärgern sich ja doch nur. (Muffelige Leserbriefe sind offenbar ein sekundäres männliches Geschlechtsmerkmal. Frauen backen, wie ich bereits im Jahre Schnief schrieb, Plätzchen und stricken, wie ich ebenfalls im Jahre Schnief schrieb, Socken. Das ist eine viel subtilere Form von Kritik.)

Alle langweilen einen immer mit ihren Krankheiten. Heute schlage ich zurück und langweile Sie mit meinen. Es sind insgesamt drei, sie haben aber leider nichts miteinander zu tun, so dass man sie nicht mal als »Syndrom« bezeichnen und nach mir benennen könnte. (Ich weiß schon, was Sie jetzt sagen werden, Herr Grau, ich aber sage Ihnen: NICHT WEITERLESEN!)

Am 4. und 5. Januar war ich in Köln in Deutschlands beliebtester Fernsehseifenoper eingeteilt, aber weil sich die Installation eines neuen Küchenherdes im fiktiven Restaurant »Akropolis« um einen Tag verzögerte, musste ich insgesamt sieben Tage in Köln bleiben, was selbst für einen ausgewiesenen Hamburger Lokalpatrioten und Heimwehbolzen nicht weiter schlimm wäre, hätte man mich in meinem Kölner Lieblingshotel nicht netterweise zum Preis eines kleinen Einzelzimmers in einer Prachtsuite im 5. Stock untergebracht. Diesen

5. Stock gibt es nicht von allem Anbeginn an, sondern er ist der in Erfüllung gegangene Wunschtraum des promovierten Hoteldirektors; Libeskind ist der letzte Dreck dagegen. Wenn man ihn von der gegenüberliegenden Straßenseite aus betrachtet (und jeder wechselt sofort die Straßenseite, aus Angst; man kann ihn also nur von der gegenüberliegenden Straßenseite aus betrachten), fürchtet man, gleich rutscht er runter, erst langsam und dann immer schneller. Weil der 5. Stock architektonisch so wertvoll ist, ist er nur ganz schlecht zu beheizen. (Für solche Fälle wird an der Rezeption ein tragbarer Heizkörper bereitgehalten, wenn man aber zu blöd zum Fragen ist, nützt der einem nichts.)

Einige Tage vorher war mir während einer Lesung bereits ein ziemlich wichtiger Zahn waagerecht aus dem Kopf gesprungen. Den Zahn hatte ich erst mal provisorisch mit dem Daumen an seinen Platz zurückgeschoben, und anstatt damit zum Zahnarzt zu gehen, dämmerte ich nun in der Fremde einer Mittelohrentzündung entgegen, einer Krankheit, die ich immer nur Kindern zugetraut hätte, Unterschichtskindern noch dazu.

Dann folgte die Aufzeichnung einer, na ja, halböffentlichen Lesung mit den geschätzten Kollegen Heinz Marecek und Frank Goosen, Peter Urbans Neuübersetzung der Trinkerpassion *Moskau–Petuški* von Venedikt Erofeev, in der Kulturkirche Köln-Nippes, und wie Kirchen beheizt sind, weiß man ja.

Als ich endlich wieder nach Hause durfte, fiel dort, und nur dort, die Heizung aus, und weil ich aus schierem Pflichtbewusstsein, um nur ja keinen Termin zu verpassen, die verschiedensten Antibiotika genommen hatte, griffen die nicht mehr, sondern ganz im Gegenteil setzte ein heftiger Pilzbefall ein. Wo, sage ich nicht, auf jeden Fall ging ich damit zum Haut- und Geschlechtsarzt, der mich mit den Worten begrüßte: »Herr Rowohlt! Was ist geschehen? Erzählen Sie!« Ich setzte zur ganz großen Anamnese an, aber er sagte: »Nein, warum haben Sie plötzlich so kurze Haare? Dass ich mich nicht für Ihre Krankheiten interessiere, dürften Sie doch inzwischen wissen.«

Der Veranstalter in Münster hatte gefaxt, ob ich ein ärztliches Attest faxen könnte, damit er was hat, was er den enttäuschten Fans zeigen kann. Der Hals-, Nasen- und Ohrenarzt hatte mir entzückt eine handschriftliche Dienstunfähigkeitsbescheinigung ausgestellt, und der Haut- und Geschlechtsarzt war enttäuscht: »Das hätten Sie mich machen lassen sollen. Ich hätte Ihnen ein Jahrzehnte währendes qualvolles Siechtum attestiert.«

Beim Zahnarzt wandte sich die medizinisch-technische Assistentin mit Grausen und sagte, in meiner Mundhöhle gäbe es Bakterien, die anderswo nicht mal andeutungsweise geduldet würden, und dem Veranstalter in Münster faxte ich das hals-, nasen- und ohrenärztliche Attest mit dem Zusatz: »Nachher gehe ich noch zum Zahn- und zum Haut- und Geschlechtsarzt. Die schreiben gern auch noch je ein Attest, und alle drei können Sie dann an die Schlosskirche zu Wittenberg nageln«, was doppelt gemein ist, als hätten die im eponymen Münster nicht genug eigene Kirchen.

Unterdessen hatte sich aus all den Untersuchungen ein unerwarteter Kollateralnutzen herauskristallisiert: Ich habe traumhafte Leberwerte! Die nützen einem nur bei Mittelohrentzündung nicht viel, weil der Gleichgewichtssinn ganz in der Nähe haust und immer mitspielen will, so dass man ständig hinfällt, und wenn man ungeheuer beiläufig sagt: »Ich habe übrigens traumhafte Leberwerte«, und das Wort »Leberwerte« sagt man bereits im Liegen, wirkt man schnell unglaubwürdig.

So, Herr Grau, hier fängt jetzt gleich ein anderer Artikel an, den dürfen Sie dann wieder lesen.

ACH, ROBERT

»Bam-«: So lautete der einzige Stich, den ich je gegen Robert Gernhardt hatte. »Bam-«.

Einmal saß ich mit den Idolen Robert Gernhardt und Fritz »F. W. Bernstein« Weigle zu Tisch und kam mir vor wie das Doppelte Eckermännchen. Ich saß zwischen den beiden, und wäre nur ich zu sehen gewesen, hätte ich gewirkt wie ein Zuschauer beim Tennis. Robert klagte heftig, er, Gernhardt, erwähne ihn, Weigle, zwar stets in seinen, Gernhardts, Werken, er, Weigle, dagegen ihn, Gernhardt, in seinen, Weigles, Werken nie. »Du ahnst ja noch nichts«, versetzte Weigle, »von meinem *magnum opus, Der Erwähnte.*«

Themenkonferenz in der *Titanic.* Jemand sagt: »Wir sollten vielleicht auch mal was zum Lutherjahr machen.« »Luther«, schnarrt Robert baltisch brüsk. »Außer Thesen nichts gewesen.«

Als er einmal wirklich von etwas beeindruckt war, sagte er, um das zu verbergen: »Nee, also so ein Déjà-vu hab ich ja noch *nie* gesehen.«

Wir sitzen beide schwerst verpliert am Frühstückstisch. Robert mault mich an: »Ich werde nie verstehen, wie man Tee ohne Milch trinken kann.« Ich sage: »Und ich werde nie verstehen, wie man Tee *mit* Milch trinken kann.« Robert (mit jäh erwachenden Lebensgeistern): »Aus dem Großen Sendesaal des Funkhauses in Hannover hörten Sie DIE FRÜHSTÜCKSDISKUSSION.«

Ich sollte ihm das Foto eines Gemäldes in die Toskana schicken, und damit es reprofähig bleibe, schrieb ich
BITTE NICHT KNICKEN
DO NOT BEND
auf den Umschlag. Weil mich plötzlich all mein Italienisch verlassen hatte, fügte ich noch
NOLI ME FLINGERE
hinzu. Bang rief ich eine Woche später an, ob die Sendung ungeknickt angekommen sei. Ja, sei sie, sagte Robert, was ihn aber viel mehr beschäftige, sei, dass sein Bezugskaff Montaio bei den Kommunalwahlen zu 63 % kommunistisch gewählt habe: »Da ist man nun drei Mal vorm Rrrussen abjehaun, und dann das.«

Ich habe Robert immer gern zu Museumsbesuchen missbraucht. Im Joggingtempo hetzte er an den Abstrakten vorbei und zeigte einem bei den Gegenständlichen Sachen, die man ohne ihn nie gesehen hätte.

Im Kunsthistorischen Museum zu Wien sagte seine Almut: »Kuck mal, da sieht es aus wie in der Toskana.«

»Das *ist* in der Toskana, meine Liebe. Es gab eine ganze Horde niederländischer und flämischer Maler, die in der Toskana auf Deubel komm raus herumland-

schafterten und -soffen. Man nannte diese Schule die
Boccianti.«

   »Bam-«, sagte ich.

   »Bam-?«, frug Robert.

   »*Bam*boccianti«, sagte ich und glomm inwendig.

AUF DIE SCHNAUZE

Vorab mein Lieblingsfrankfurterbuchmessenerlebnis. Ich habe einen iranischen Taxifahrer und sage: »Bitte in die Basaltstraße 52.« Er: »Kompliment.« Ich (baff): »Wieso denn das?« Er: »Ich bin promovierter Mineraloge, und für Basalt lasse ich jeden Granit liegen.«

Für mich fing die Messe, die mittwochs anfängt, schon am Dienstag an. Da hatte ich eine Lesung in Darmstadt, in der Stadtkirche, und dort habe ich einen Satz gehört, den ich noch nie in meinem ganzen Leben gehört hatte, und allein dafür lohnt es sich schon, 61 Jahre alt geworden zu sein. Vor der Lesung sagte nämlich der Pastor zu mir: »Pinkeln können Sie in der Sakristei.« Ich, der ich in der dritten Generation ungetauft bin, kenne mich mit so was nicht hinreichend aus und fragte, blöd, wie ich bin: »Ist da ein Klo?«

Am Mittwochabend stelle ich mit Rudi Hurzlmeier die drei Bücher vor, die wir gemeinsam gemacht haben, Rudi trug altmeisterliche Gemälde dazu bei, ich eingängige Zweizeiler, ein Buch über Vögel, eins über Engel und, neuerdings, eins über Hunde, im Klabunt, einer wunderbaren Ebbelwoiwirtschaft, in der hessische Parodien auf die Nouvelle Cuisine wie Garnelencurrywurst mit hausgemachtem Apfelketchup serviert werden (Berger Straße 228, U-Bahn Linie 4 bis Bornheim Mitte, in Fahrtrichtung rechts; alles stehen und liegen lassen; hin!). Zunächst gestaltet sich der Abend als ausgewogene Mischung aus menschlichem und technischem Versagen; um 7 soll es anfangen, um halb zehn kommen wir allmählich in die Puschen, danach sind alle froh und satt, und schön war's. Am nächsten Vormittag lobe ich Hurzlmeiern, er sei der ideale Partner, das genaue Gegenteil einer Rampensau, er lächle fein vor sich hin, blicke manchmal einen Tick zu scharfsinnig, verhalte sich aber im Großen und Ganzen unauffällig. Der Hurzlmeier sagt: »I bin der Buchsbaum.«

Am Kein-&-Aber-Stand signieren die bildenden Künstler Peter Gut, Rudi Hurzlmeier und Nikolaus Heidelbach. Die amtierende Deutsche Edelsteinkönigin Carolin schreitet mit ihrem Gefolge vorbei, sieht mich, will ein Autogramm von mir!, schenkt mir ein Stück Rosenquarz und stürzt Nikolaus Heidelbach in eine tiefe Sinnkrise. »Was habe ich falsch gemacht?«, wird man ihn fortan bis zum festlichen Messeausklang rhetorisch fragen hören.

Senta Berger betritt den Stand, und ich bin bei der amtierenden Deutschen Edelsteinkönigin abgemeldet. »Sie weigern sich, mit mir ein Alfred-Polgar-Hörbuch zu machen?«, fragt sie (also jetzt nicht die amtierende Deutsche Edelsteinkönigin, sondern Senta Berger). Ich sage ziemlich fest: »Ja«, sie nimmt die Sonnenbrille ab, und mir fällt der alte Burgenländerwitz mit der Polizeikontrolle ein. (Die Burgenländer, muss man dazu wissen, sind die Ostfriesen Österreichs.) Da gerät ein Burgenländer in eine Polizeikontrolle, muss seinen Personalausweis vorzeigen, und es werden ihm die Fingerabdrücke und eine Speichelprobe abgenommen. Auf die Frage, was das solle, sagen die Polizisten, sie suchten einen Vergewaltiger, aber mit ihm sei alles in Ordnung, und er dürfe weitergehen. Der Burgenländer geht weiter, kommt zehn Minuten später wieder zurück und sagt: »Herns, i hob mir des überlegt. I denk, i wers mochn.«

Auf einem der Flure stellt mich eine junge Dame vom Hessischen Rundfunk und fragt, ob sie mich kurz interviewen dürfe. Ich sage: »Nur zu«, und sie sagt: »Wenn ich ›jetzt‹ sage, sagen Sie, wie Sie heißen und was Sie auf der Buchmesse machen. Jetzt.« Ich sage: »Ich bin Harry Rowohlt und wurde soeben von einer hinreißend schönen Kollegin vom Hessischen Rundfunk überfallen.« – »Na, na, na«, sagt sie, und ich sage: »Ist doch nur Hörfunk. Kann doch keiner kontrollieren.«

Kurz nach Hause, zum Sockenwechseln. Der 14. Oktober, der 80. Geburtstag von Pu-dem-Bären, rückt näher, und ich gewähre unzählige Rundfunkinterviews. (Unzählig, wenn man nicht bis 3 zählen kann.) Eine Dame vom DeutschlandRadio Kultur Berlin sagt: »Erklären Sie kurz den Zauber, der von diesem Buch ausgeht.« Ich sage: »Wenn ich das könnte, wäre ich nicht Übersetzer, also Gefäß, geworden, sondern Literaturkritiker. Das ist wie mit der Liebe. Sie können ja auch nicht erklären, warum Sie in Hans verschossen sind und nicht in Franz.« Da sagt sie, und mich überläuft es kalt, wie der böse Polizist im Fernsehkrimi: »Die Fragen stelle hier immer noch ich.«

Nun nach Köln, zur Aufzeichnung zweier Live-Sendungen, deren eine drei und die zweite 14 Tage später ausgestrahlt werden soll. Das Kölner Publikum ist ja praktisch abgerichtet und tut, als wären in der Pause 14 Tage vergangen. Bei der zweiten Sendung reitet mich der Teufel, und ich sage: »Ich finde es ungeheuer toll, endlich mal bei einer richtigen Live-Sendung dabei zu sein. Ich dachte, es gäbe gar keine Live-Sendungen mehr. Ich nenne das den Scheidemann-Effekt. Philipp Scheidemann hat doch zur Unzeit die Republik ausgerufen. Friedrich Ebert hatte noch gesagt: Der Scheidemann, der wird doch nicht, und da war es schon zu spät. Seitdem gibt es keine Live-Sendungen mehr. Dachte ich. Und jetzt das. Toll«, und das Publikum gluckst in schwärzester Komplizenschaft.

Dann rasch weiter zu einer Lesung in Ali Schindehüttes Schauenburger Märchenwache bei Kassel. Die ehemalige Feuerwache ist dem Andenken der Brüder Grimm geweiht. Um ein bisschen Eindruck zu schinden, sage ich: »Es ist, glaube ich, bisher unerwähnt geblieben, dass ich Brüder-Grimm-Preisträger der Stadt Hanau bin.« Das Publikum blickt unbeschreiblich unbeeindruckt, und ich beschließe, andere Saiten aufzuziehen: »Kann ich dann mal bitte um einfache Handzeichen bitten, wer außer mir in diesem Zelt noch Brüder-Grimm-Preisträger der Stadt Hanau ist?« Da kucken sie alle wie die ertappten Hasen. Warum nicht glcich so.

Hinterher stolpere ich über ein Mäuerchen, welches vor vier Jahren, als ich schon mal da war, nachweislich noch nicht existiert hatte, und falle so gründlich aufs Maul, dass der Hoteldirektor vom Grischäfer in 34308 Bad Emstal mich durch die Nacht zur Notaufnahme nach Kassel fährt, mit der Begründung: »Ich habe Metzger gelernt, aber was zu weit geht, geht zu weit.« Die Notärztin sagt: »Keinen Zwieback; nicht sprechen«, und ich muss in drei Tagen in Berlin in einem Kinderhörspiel von Hartmut El Kurdi *(Johnny Hübner greift ein)* einen Piraten sprechen, der laut Regieanweisung ein Gesicht hat »wie eine eingetretene Kajütentür«. Ist ja nur Hörfunk. Kann ja keiner kontrollieren.

2007

FREIHEIT FÜR MUMIA ABU-JAMAL!

… und zweitens habe ich am 26. Mai zum ersten Mal in meinem Leben *als Redner* an einer Demonstration teilgenommen. Sie stand unter dem Motto »Freiheit für Mumia Abu-Jamal!« und sollte vor dem Hamburger US-Generalkonsulat am Alsterufer stattfinden …

… und ich habe die Erfahrung gemacht, dass Sie zwar natürlich wissen, wer Mumia Abu-Jamal ist, und dass ich zwar natürlich weiß, wer Mumia Abu-Jamal ist, alle anderen dagegen kaum wissen, wer Mumia Abu-Jamal ist. Mumia Abu-Jamal sitzt seit 25 Jahren in Philadelphia in der Todeszelle, weil er einen Polizisten erschossen haben soll. Da hätte er zwar notfalls ein gusseisernes Alibi, aber weil er früher Black Panther war und erfolgreicher linker Journalist mit einer eigenen Radiosendung, mithin nicht nur schwarz, sondern noch dazu ein roter Schwarzer, nutzt ihm das gar nichts. Jede Woche schreibt er in der Todeszelle eine äußerst lesenswerte Kolumne (die auf Deutsch samstags in der *jungen Welt* erscheint) und wartet auf seinen neuen Prozess …

… und ich sollte bei der Demonstration, die auf einen Samstag anberaumt war, Mumia Abu-Jamals gerade aktuelle Kolumne vorlesen. »Darf ich auch selbst was sagen?«, hatte ich gefragt. »Ja, ja, nur zu«, hatte man gesagt.

Ich komme also hin, und die Demonstration ist gar nicht vor dem US-Generalkonsulat, sondern vor Paolino, einem der beiden Hamburger Promi-Italiener, dabei trifft Paolino gar keine Schuld am Schicksal Mumia Abu-Jamals. Paolino kommt auch prompt mit gereckter Faust herausgetobt: »Arry! Avanti popolo! Wasse du trinke?« »Am liebsten gar nichts«, sage ich, »sonst muss ich zur Unzeit austreten und« – »Bei mire du kannste immere pinkele, einefakke klopfene iere«, sagt Paolino, und ich habe eine Sorge weniger.

Wir sind etwa neunzig Menschen, und die CIA hat ein kleines Mädchen geschickt, welches jeden einzelnen Redebeitrag mühelos mit seinem Geplärr übertönt.

Man kennt sich, man mag sich, es zieht sich. Endlich werde ich angesagt: »Morgen in der *Lindenstraße*, heute schon bei uns: Harry Rohwollt!« Ich sage, vielleicht einen Tick zu subjektiv: »Am meisten bewundere ich an Mumia Abu-Jamal, dass er jede Woche eine Kolumne raushaut. Ich kann immer nur eine Kolumne schreiben, wenn ich vorher was erlebt habe, und auch dann nur selten. Aber Mumia Abu-Jamal kommt ja so gut wie nie vor die Tür.« Rückkopplung, eisige Blicke, Rückkopplung. »Ich würde empfehlen, ihn eiligst freizusprechen, denn wenn das so weitergeht, wird seine Haftentschädigung unerschwinglich, und wenn er dann freigelassen ist, kann er auf Lesereisen gehen, was erleben und darüber seine Kolumnen schreiben.« Eisige Blicke, Rückkopplung, eisige Blicke. »Wenn er aber beschließen sollte, mit dem Geld von seiner Haftentschädigung einen Zeitungs-und-Tabakwaren-Laden mit Lotto- und-Toto-Annahme aufzumachen, so gönne ich ihm auch das von Herzen.« Eisige Rückkopplungen. Endlich lese ich Mumia Abu-Jamals Kolumne vor, in welcher er den Fünf- oder Siebenpunkteplan eines Journalistenkollegen zitiert, wie der US-amerikanischen Außenpolitik aus dem Morast geholfen werden könnte, und mir fällt ein: »Das ist hier gar keine antiamerikanische Veranstaltung – das ist hier eine proamerikanische Veranstaltung. Nach dem ersten Überfall der USA und ihrer Satellitenstaaten auf den Irak hat mich eine Kollegin vom WDR gefragt, ob ich antiamerikanisch sei. Ich antiamerikanisch?!, habe ich gefragt. Ich habe geweint, als Winnetou starb!« Zwei Lacher, keine Rückkopplung. Dann bin ich durch. Wegen Verhaftungsgefahr hatte ich einen Personalausweis eingesteckt und reine Unterwäsche angezogen – zu Unrecht, wie sich herausstellen sollte. Das erwähne ich auch noch schnell: »Kein Beamter« – eigentlich hatte ich »Scherge« sagen wollen, aber die drei Polizisten, die auf uns aufpassen, sind so nett, dass man das nicht machen kann – »wird es wagen, die Hand gegen einen Träger der Goldenen Ehrennadel des FC St. Pauli zu erheben, denn dann wird er sofort als HSV-Fan und Holsten-Trinker geoutet und gedisst und nie mehr seines Lebens froh. Danke schön.« Die drei Polizisten jubeln – alle anderen freuen sich, weil sie mich endlich los sind.

»Das ist aber doch eine todernste Angelegenheit«, sagt Anna. »Da kannst dich doch nicht zum Kaschperl machen.«

Deshalb mache ich so was ja auch nur alle 62 Jahre.

WAS MACHT EIN
BELLETRISTISCHER ÜBERSETZER?

»Was macht ein belletristischer Übersetzer eigentlich«, fragen Sie sich wahrscheinlich bei Tag und Nacht, »wenn er keine Belletristik übersetzt?«

Dann hat er Zeit und geht zum Arzt, wie alle Menschen, die Zeit haben. Und dann? Dann prüft er von den Verlagen eingeschickte Belletristik, ob er sie vielleicht übersetzen möchte oder auch nur kann, und schon kommt der neue Roman eines britischen Erfolgsautors. Der Roman beginnt damit, dass der Ich-Erzähler aufwacht und nicht darauf kommt, was er gerade geträumt hat. »PROUST!«, schrillt es im Kopf des belletristischen Übersetzers. Im wirklichen Leben hält man sich auch schon von Menschen fern, die einem ihre Träume erzählen wollen, und wenn die dann nicht mal auf die Handlung ihrer Träume kommen, ist das, als hätten sie gesagt: »Mit Ditsche kann ich nichts anfangen«, d.h., sie sollen sich doch gefälligst untereinander langweilen und unsereinen nicht mit sich behelligen. Zierliches Ablehnungsbriefchen schreiben, eintüten, zurück an den Verlag.

Nach einem entspannenden Vormittag auf der Post (»Was machen Sie denn hier?!«, hatte der Hintermann in der Schlange gefragt, weil in der Zeitung stand, man liege im Sterben) erwartet den belletristischen Übersetzer ein nassgeregnetes Paket, einst als unzustellbar und *to whom it may concern* gegen die Haustür gelehnt. Ein Übersetzungsauftrag, wie schön. Kurzgeschichten eines amerikanischen Erfolgsautors. Übersetzer lieben Kurzgeschichten, weil immer ein Ende abzusehen ist; Leser hassen Kurzgeschichten, weil sie nicht lang genug sind.

In der ersten Geschichte bedröhnt sich der Held, ein Wikinger, mit Kartoffelwein, und ein weiterer Wikinger frisst sich durch die feindlichen Reihen wie durch die Körner an einem Maiskolben. Nun spielt das alles aber zur Zeit Ludwigs des Frommen (814–840), und da gab es in Europa noch keine Kartoffeln und keinen Mais (und keine Tomaten und keinen Tabak). Dann geht es weiter mit Haithabu und den dortigen Gezeiten, die Ostsee ist aber praktisch ein Binnenmeer, und Ebbe und Flut kennt man da nur aus der Zeitung. Da hat ja unser Hallenbad mehr Tidenhub, Mensch. Und als dann die Wikinger, weil ihnen die Verpflegung ausgegangen ist, tote Kameraden aufs Feuer werfen, um ihnen, wenn die Mägen platzen, »den Hammel von gestern Abend« aus dem Innern zu löffeln, hatte ich, um im Bild zu bleiben, endgültig die Schnauze voll. »Hat der Autor«, fragte ich mich, »denn noch nie was von Magensäure gehört?« Der Hammel von gestern Abend dürfte längst im Dick-, wenn nicht im Grimmdarm verschwunden sein, und was den Krieger mitsamt seinem Löffel aus Kiefernrinde erwartet, ist bestenfalls Kotze. (Ich hoffe, bei Ihnen in der Kantine gibt es wie jeden Donnerstag Quiche.)

Inzwischen habe ich es satt, Produkte des US-High-school-Systems zu übersetzen, die glauben, das Grüne auf Landkarten wären Wiesen. Und dass Bier brennt. Dass nur 2,6 Prozent der Neuerscheinungen in den USA Übersetzungen sind, ist da auch keine große Hilfe. Wir dagegen übersetzen treu und brav jeden Ami, der je in South Dakota *Creative Writing* belegt hat. Oder eben auch nicht. Sondern wir schreiben ein zierliches Ablehnungsbriefchen, tüten es zusammen mit dem Computerausdruck des Originals ein, verabschieden uns von den Lieben daheim und ziehen auf die Post, um dort einen entspannenden Vormittag zu verleben.

Heute, nehme ich mir vor, werde ich, wenn weniger als zwanzig Leute nach mir dran sind, den Mut haben zu fragen, warum der 3. Stock des Postamts praktisch fensterlos ist. Bisher habe ich zwei Theorien. Erstens: Dort wird das Speiseeis gemacht, das in dem kleinen Kiosk oder Pavillon vor der Post verkauft wird, und die wollen nicht, dass ihre kostbare Kälte aus den Fenstern entweicht – da wären sie ja schön blöd. Zweitens: Dort sitzt der Hamburger Verfassungsschutz und öffnet mit Wasserdampf alle unsere Briefe, und die wollen nicht, dass ihr kostbarer Wasserdampf aus den Fernstern entweicht, da wären sie ja schön blöd.

Was mich dagegen, schlohweiß geworden, zu Hause erwartet, das weiß ich. Die Benachrichtigung, ich hätte mich möglichst bald, aber nicht heute, auf der Post einzufinden, weil ich leider in der fraglichen Zeit nicht anzutreffen gewesen sei.

Vielleicht bewerbe ich mich gleich im 3. Stock. Wenn das mit dem Speiseeis stimmen sollte, vielleicht vereisen sie im Winter Warzen?

SAUERKRAUT AUS ROTKOHL

Wieder ein Übersetzungsantrag. 595 Riesenseiten. Wenn ich das mache, brauche ich mir um die Strukturierung meines Lebensabends keine Sorgen mehr zu machen. In den ersten anderthalb Absätzen zweimal »as« und siebenmal »like«, aber nicht im Sinne von »As you like it«, sondern der Autor vergleicht für sein Leben gern, nicht jedoch, was ich ihm gegönnt hätte, Äpfel mit Birnen, sondern die untergehende Sonne mit einer Melone, den August mit Holz, den August mit Licht, Gespräche mit Holzaugen, Veranden mit Streikposten, Veranden mit ragenden Felsen, Unruhe mit Kaugummi am Hosenboden. »Nicht vergleichbar? Na, dann nicht«, beschloss Robert Gernhardt ein Gedicht über vergleichende Literatur, aber das konnte der Autor nicht kennen, und wenn er es gekannt hätte, hätte er es verglichen.

Seit knapp drei Wochen beschäftigt mich eine Frage wie ein im Kropf des eigentlichen Bettes verlegter Kragenknopf (Flann O'Brien) bzw. wie ein im Schnupftuch vergessenes Rasiermesser (Bohumil Hrabal): Warum gibt es kein Sauerkraut aus Rotkohl?

Der Rabe, das Magazin für jede Art von Literatur, lenkt mich erst mal ab. Ich soll ein paar Bücher empfehlen (»*Der Rabe* rät«) oder verwerfen (»*Der Rabe* rät ab«). Das ist leicht, das geht schnell, da bediene ich mich vom Nachttisch, dessen Belag im Frühdämmer wirkt wie, na, wie die Skyline von Manhattan vor Nine-Eleven, aber ohne Chrysler Building.

(Der beste Kommentar zu Nine-Eleven stammt von meinem Freund Panajotis: »Da sitzen die Amerikaner in ihre choche Chäuser, rauchen nicht, und dann das.«)

Zuoberst liegt aber immer noch *Die Zeit* vom 16. huius, und Raddatz gibt an wie, äh, immer bzw. wie, äh, eine Tüte Mücken, er sei der zweitjüngste stellvertretende Cheflektor im mit Abstand zweitgrößten Verlag der zweitgrößten Republik auf deutschem Boden gewesen und hätte damals schon erkannt, was es mit der zweitschlimmsten Diktatur der deutschen Geschichte auf sich gehabt hätte, und in diesem Zusammenhang beruhigt er mich, man dürfe sehr wohl Äpfel mit Birnen vergleichen, aber nicht gleichsetzen.

Unter der *Zeit* kommt *Jahre unter ihnen* von Hermann Peter Piwitt (Wallstein, 126 Seiten) zum Vorschein. Hinten auf dem Schutzumschlag steht das Zitat »Ist man einmal verrückt, ist alles einfach. Aber wie schwer ist der Weg dahin«, und ich denke: »Kürzer und schöner lässt sich das nicht sagen. Länger und weniger schön immer.« Ich lese die 126 Seiten auf einen Happs und rate heftig zu.

Darunter liegt der »Infantilroman« *auweia* von Eckhard Henscheid. Das Buch ist eine Gute-Laune-Hölle aus »Bummsti!«, »Tschüssikowski!« und »Hallöchen!«. Von Tucholsky gibt es einen Text, *Le »lied«*, da parodiert ein französischer Vortragskünstler ein deutsches

Lied, und Tucholskyn ist, als wäre sein Spiegelbild aus dem Spiegel gestiegen, hätte sich zu ihm an den Tisch gesetzt und mit schmierigem Grinsen gefragt »Na? Wie gefall ich dir?«. Ich beschließe, längere Zeit nichts zu sagen, und empfehle das Buch eilig.

Unter *auweia* liegt *Prima ist der Klimawandel auch für den Gemüsehandel* von Fritz Eckenga, und daraus würde ich nun gern was zitieren, so gern wie, äh, nur was, ich lese mich aber immer fest. Also hilft nur das tolle Lege-Prinzip: blind aufschlagen, blind mit dem Finger reinpieken: Da. Ein Viereinhalbstropher zum Foto eines verlassenen Damenfahrrads. Der Finger steckt auf der dritten Strophe.

Nie mehr wird sie mich besitzen,
nie mehr mich ihr Rock umwehn,
nie mehr wird ihr süßes Schwitzen
duftend mit mir Runden drehn.

Da möchte man doch nur noch weinen wie ein, äh, Schießhund.

HADSCHI HALEF OMAR

So, drei Bücher sind abgelehnt, das vierte ist gekauft, ein US-amerikanischer Klassiker aus dem Jahre 1941, zu Unrecht vergessen und *hard-boiled* bis zur in die Stirn gezogenen Hutkrempe: *sagte ich/sagte er/sagte ich/sagte er* stakkatiert es da. Selbst wenn in der direkten Rede am Schluss ein Fragezeichen steht, lässt sich der Autor das ungern anmerken und schreibt meist *sagte ich/ sagte er*. Wenn er doch mal *I asked/he asked* schreibt, ist man so erleichtert, dass man am liebsten *erkundigte ich mich angelegentlich/drang er auskunftheischend in sie* schreiben würde, sich aber nicht traut, wg. Werktreue. Dabei geht doch nichts über ein gepflegtes »räumte er ein«, »legte er sich besänftigend ins Mittel«, »stellte er sirrend in den Raum«, »versetzte der glutäugige Neapolitaner keckernd«.

Eine Freundin sollte vor Jahren Karl May für eine neue Druck- und Bindestraße einrichten, d. h. kürzen, ging auch mit dem entsprechenden Bammel an die Aufgabe heran und ließ alles, wie es war, aber gegen Ende musste doch eine gewisse Lakonik her, und wo es in Kapitel 2 noch »gab Hadschi Halef Omar Ben Hadschi Abul Abbas Ibn Hadschi Dawuhd al Gossarah mit anheimelnder Heiserkeit zu bedenken« geheißen hatte, hieß es in Kapitel 12 nur noch »heiserte Halef«.

WENN DER VERLEGER
ZWEIMAL KLINGELT

Jupp Müller-Marein, der Mitbegründer der *Zeit*, hat seinen jungen Leuten immer den ersten und den letzten Absatz gestrichen, weil im ersten Absatz immer steht, was gleich kommt, und im letzten, was gerade war.

So einen ersten Absatz muss ich jetzt auch schreiben.

Im Verlag Kein & Aber, Zürich, erscheint eine neue Truman-Capote-Gesamtausgabe, und nun wollte der Verlag, weil ich offenbar Experte für Vermischtes bin, von mir wissen, ob er den deutschen Titel von *The Dogs Bark*, »Wenn die Hunde bellen«, mitsamt dem »Wenn« übernehmen soll, wo doch »Die Hunde bellen« (ohne »Wenn«) der erste Teil des arabischen Sprichworts »Die Hunde bellen, aber die Karawane zieht weiter« ist.

Jetzt bekommen Sie Einblick in meine Gedankengänge, die Sie größtenteils laut lesen können, so schön sind sie.

Wenn (und falls) im Original kein »When« (und schon gar kein »If«) steht, sollte man unbedingt ohne »Wenn« (und »Aber«) auskommen, obwohl man dann mit der alten ruhmreichen »Wenn abends die Heide blüht« –, »Wenn alle Stricke reißen« –, »Wenn am Sonntagabend die Dorfmusik spielt« –, »Wenn bei süßen Teens die Hüllen fallen« –, »Wenn beide schuldig werden« –, »Wenn das Blut kocht« –, »Wenn das die

Mammi wüsste«, »Wenn das die Männer wüssten« –,
»Wenn das Herz spricht« –, »Wenn das Leben lockt« –,
»Wenn das mein großer Bruder wüsste« –, »Wenn
das Schicksal es will« –, »Wenn das Weib erwacht« –,
»Wenn der Hahn kräht« –, »Wenn der Himmel ver-
sagt« –, »Wenn der Kater kommt« –, »Wenn der Klemp-
ner kommt« –, »Wenn der Nordwind bläst« –, »Wenn
der Postmann zweimal klingelt« –, »Wenn der Vater
mit dem Sohne« , »Wenn der weiße Flieder wieder
blüht« –, »Wenn der Wind weht« –, »Wenn dich dein
Mörder küsst« –, »Wenn die Abendglocken läuten« –,
»Wenn die Alpenrosen blühn« –, »Wenn die Bombe
platzt« –, »Wenn die bunten Fahnen wehen« –, »Wenn
die Conny mit dem Peter« –, »Wenn die Deiche bre-
chen« –, »Wenn die Flut kommt« –, »Wenn die Glocken
hell erklingen« –, »Wenn die Gondeln Trauer tragen« –,
»Wenn die Heide blüht« –, »Wenn die Hoffnung
stirbt« –, »Wenn die Hüllen fallen« –, »Wenn die Hüllen fallen II« –, »Wenn die Jungfrau mit dem Stier« –,
»Wenn die Kraniche ziehen« –, »Wenn die Liebe erwacht« –, »Wenn die Liebe stirbt« –, »Wenn die Mara-
bunta droht« –, »Wenn die Musik aus ist, dann ist auch
die Liebe aus« –, »Wenn die Musik nicht wär« –, »Wenn
die Nacht anbricht« –, »Wenn die Nebel fallen« –,
»Wenn die nicht kann, nimm mich mal dran!« –, »Wenn
die Sonne wieder scheint« –, »Wenn die tollen Tanten
kommen« –, »Wenn die Wölfe heulen« –, »Wenn die
Zigeuner ziehen« –, »Wenn du bei mir bist« –, »Wenn
du krepierst, lebe ich!« –, »Wenn du noch eine Mutter
hast« –, »Wenn eine Frau liebt« –, »Wenn eine Wienerin

Walzer tanzt« –, »Wenn einmal ein Mann kommt« –, »Wenn die Eltern schweigen« –, »Wenn Engel ihre Fäuste schwingen« –, »Wenn er in die Hölle will, lass ihn gehen« –, »Wenn es euch nicht von Herzen geht« –, »Wenn es Nacht wird auf der Reeperbahn« –, »Wenn es Nacht wird in Arabien« –, »Wenn es Nacht wird in Manhattan« –, »Wenn es Nacht wird in Paris« –, »Wenn es September wird« –, »Wenn Frauen hassen« –, »Wenn Frauen schweigen« –, »Wenn Frauen schwindeln« –, »Wenn Frauen träumen« –, »Wenn ich dich wiedersehe« –, »Wenn ich eine Million hätte« –, »Wenn ich einmal der Herrgott wär« –, »Wenn ich König wär« –, »Wenn ich mich fürchte« –, »Wenn jeder Tag ein Sonntag wär« –, »Wenn Katelbach kommt« –, »Wenn Killer auf der Lauer liegen« –, »Wenn Lola nicht gesungen hätte« –, »Wenn Louis eine Reise tut« –, »Wenn Ludwig ins Manöver zieht« –, »Wenn Mädchen heiß den Frühling spüren« –, »Wenn Mädchen ins Manöver ziehen« –, »Wenn Mädchen mündig werden« –, »Wenn Mädchen reif zur Liebe werden« –, »Wenn Mädchen zum Manöver blasen« –, »Wenn man baden geht auf Teneriffa« –, »Wenn man die Schule schwänzt« –, »Wenn Männer Schlange stehen« –, »Wenn Männer schwindeln« –, »Wenn Männer zerbrechen« –, »Wenn Marie nur nicht so launisch wär« –, »Wenn mein Schätzchen auf die Pauke haut« –, »Wenn mein Schlafzimmer sprechen könnte« –, »Wenn Menschen zur Liebe reifen« –, »Wenn Poldi ins Manöver zieht« –, »Wenns juckt, wird gejodelt« –, »Wenn Scotland Yard das wüsste« –, »Wenn sie nur kochen könnte« –, »Wenn süß das Mondlicht

auf den Hügeln schläft« –, »Wenn Täubchen Federn lassen« –, »Wenn wir alle Engel wären« –, »Wenn Zachy
ins Manöver zieht« – und »Wenn zwei Hochzeit machen«-Tradition bricht. Aber vielleicht kann man ja mit
drei Pünktchen das eine lassen, ohne das andere ebenfalls zu lassen? »Die Hunde bellen …« Oder klingt das
zu schweinisch? Dann weiß ich auch nicht.

(In dieser Kolumne kommt ein erster Absatz vor, den
ich vor vielen Jahren schon mal verwendet habe. Wer
findet ihn?)

ANTINICHTRAUCHERKAMPAGNE

… und dann kommt in diesen Erkundungssendun-
gen immer meine Lieblingsstelle, da der Sprecher im
Off ehrfürchtig die Stimme senkt: »Die Eingeborenen
nennen den Vulkan den Hamschlibamschli, was in ihrer Sprache so viel bedeutet wie Der-Berg-der-Feuer-
speit«, und in einer ganz anderen Erkundungssendung
merkt man, gleich ist es wieder so weit, der Sprecher
kriegt den heiligen Bammel und sagt: »Die Eingeborenen nennen den Tafelberg den Schnurpslipurpsli, was
in ihrer Sprache so viel bedeutet wie Der-Berg-der-
oben-total-platt-ist«, und man denkt: »Donnerwetter,
die Eingeborenen! Mit Sprache können sie umgehen.«

Das ist auch gut so und soll so bleiben, aber warum
können Interviewer von Print-Medien nicht zitieren,
was man gesagt hat? Bei Radio-Interviews ist das einfa-
cher; da müssen sie. Da können sie zwar alles abschnei-
den, was ihnen nicht passt oder was sie nicht verstanden
haben, aber was man gesagt hat, hat man gesagt, und
wenn es noch so dumm ist. Ein junger Mensch vom
Stadtradio Nürnberg Neunzig Komma Sieben sagte einst
zu mir: »Nennen Sie mir einen einzigen vernünftigen
Grund für Hörbücher«, und ich sagte: »Wenn man mit
dem Auto im Stau sitzt, braucht man nicht dumpf aus
dem Fenster zu glotzen und *Stadtradio Nürnberg Neunzig*

Komma Sieben zu hören.« – »Vielen Dank, das schneid ich raus«, sagte er, und seitdem frage ich mich, was er da gesendet hat.

Eine renommierte deutsche Tageszeitung mit dem Namen einer südhessischen Großstadt im Titel (nein, nicht das *Darmstädter Echo*) wollte mich zum Thema Nichtraucherland BRD telefoninterviewen und bat um Rückruf. Ich rief an und hatte ein Wickelkind am Apparat, welches auf meine Bitte, seinen Vater ans Telefon zu holen, »Hamschlibamschlischnurpslipurpslidibidibidiba« sagte. Das hätte mich stutzig machen müssen. Das ist in der Tat noch lästiger als die kreativen Anrufbeantworter (»Hier ist der Sie-wissen-schon-was von Sie-wissen-schon-wem. Sprechen Sie bitte nach dem Sie-wissen-schon-was«). Da müsste doch was mit Schwachstrom zu machen sein.

Dann kommt es aber zum Telefoninterview, und ich ziehe im gezügelten Zorn gepflegt vom Leder: »Was Adolf Hitler nicht gelang, setzen jetzt die hässlichen grünen strickstrumpfigen Doppelnamentussen um und sägen dabei obendrein am Fundament der christlich-abendländischen Kultur, nein, nicht der Hinterglasmalerei, der Pinte! Sollen sie doch freundlichst an ihren Dinkelkissen ersticken! Außerdem ist es keine Behauptung, sondern ein gesicherter Erfahrungswert, dass Nichtraucher stinken. Ging man zum Beispiel im ICE aus dem Waggon 1, dem halben Raucherwaggon, durch die Nichtraucherwaggons, musste man durch Schweißfuß- und Achselgeruch, und wer gerade persönlich nicht stank, wickelte doch immerhin eine jener entsetzlichen Bahnhofsfrikadellen aus. Wenn die Nichtraucher so sehr in der Mehrheit sind, sollen sie doch ihre Nichtraucherkneipen gründen, mit Bionade und Kaffee Hag vom Fass.«

Ein paar Tage später bekam ich eine Niederschrift zum Autorisieren zugefaxt. Meine schöne Philippika war eingedampft worden: »Abscheulich, diese spießigen Grünen!«

Das Wort abscheulich gehört zu meinem passiven Wortschatz. Wenn ich es lese oder höre, verstehe ich es. Wenn ich beim Übersetzen auf *abominable, atrocious, loathsome, heinous, repulsive, ghastly* oder *hideous* stoße, kann es durchaus passieren, dass ich das mit abscheulich übersetze, aber damit hat es sich dann auch schon, und ich als bekennender Spießer würde nie spießig als Schimpfwort verwenden.

Es gibt aber auch erfreuliche Telefoninterviews, nämlich wenn ich sie führe. In meiner Übersetzung #144 heißt es auf Seite 254: *»He danced a dogged box-step.«* Im Webster's steht unter ²box9: »Schrittkombination, die ein Rechteck beschreibt«. Branchenfernsprechbuch, Tanzschulen, die erste im Alphabet. Eine wunderschöne verschnupfte Argentinierin (ja, das hört man alles drei) sagt verschnupft: »Erlauben Sie mal, ich bin Tangotänzerin und keine Steptänzerin!« Ich: *»Step* bedeutet Schritt, und Schritte kommen doch wohl auch im Tango vor?« – »Ja, aber wenn, dann nicht auf Englisch, sondern nur auf Argentinisch.« – »Oder auf nebbich Spanisch«, beginne ich nun ebenfalls leicht verschnupft zu werden, ich meine, das mir, der ich immer Malwinen statt Falklands gesagt habe, aber die längste Zeit, meine Liebe, die längste Zeit. Die nächste Tanzschule. Eine Telefonfee von großer Süßigkeit (ja, das hört man) sagt, sie selbst wisse es nicht, wenn ich mich aber zurückrufen lassen wolle? Dann, wenig später: »Tanzschule Walter Bartels, guten Abend. Also, einen Tanz namens Box-Step gibt es nicht, aber?« Ich sage: »Schrittkombination, die ein Rechteck beschreibt.« Tanzschule Walter Bartels: »Aha! Das ist der Kastenschritt. Man kann auch Schachtelschritt sagen.« Ich: »Vielen herzlichen Dank. Sie haben mir sehr geholfen.« Tanzschule Walter Bartels: »Da doch nicht für. Aber immer gerne.«

Du und ich im Schachtelschritt. Und jeder tanzt mit, und jeder tanzt mit. Jetzt weiß ich, glaube ich, was das Gegenteil von abscheulich ist.

2008

FRITZ SENN

Am 20. Januar war ich in Zürich, um Fritz »Dekan« Senn, dem wunderbaren Gründer der James Joyce Foundation und besten Freund des Übersetzers, zum 80. Geburtstag zusammen mit anderen, Würdigeren, ein Ständchen zu bringen.

Vorher überlegten wir, ob wir einander duzen oder siezen sollen, und Hugo Loetscher sagte: »Ich finde es im Fernsehen immer so peinlich, wenn Zeitzeugen sagen: Wie ich einmal zu Max Frisch sagte, Max, habe ich gesagt«, und ich sagte: »Wie ich einmal zu Adolf Hitler sagte, mein Führer, mein Führer, habe ich gesagt«, und das fand schon mal niemand komisch.

Im Verlauf der Feierstunde habe ich zwei nützliche Sätze über das Übersetzen gelernt, *Übersetzungswissenschaften sind für Übersetzer so wichtig wie Ichthyologie für Fische* und *Was nutzt einem die beste Übersetzung, wenn in ihr dasselbe steht wie im Original?*

Als ich dran war, wollte und konnte ich nichts Fundiertes beitragen und habe nur ein kleines Kunststück vorgeführt, eben ein Geburtstagsständchen, musste aber vorher noch zu einer angerissenen Frage Stellung nehmen: Übersetzungsfehler und ihre durchaus nicht immer schlimmen Folgen. »Das gesamte Christentum«, wagte ich mich vor, »verdankt sich einer Reihe von

Übersetzungsfehlern. Jesus war nicht der Sohn Gottes, sondern das ist die im Nahen Osten heute noch gebräuchliche Ausdrucksweise, Vater der Lüge, Mutter aller Kriege usw., und er ging nicht auf dem Wasser, sondern am Wasser entlang, und Maria war keine Jungfrau, sondern eine junge Frau, und Jesus hat nicht Wasser in Wein verwandelt, sondern er war ein so toller Typ, dass in seiner Gegenwart Wasser auf einen wirkte wie Wein. Man stelle sich die Schweizerflagge ohne Kreuz vor. Na, eigentlich gar nicht so übel.«

Als Kunststück habe ich ein Kindergedicht von Shel Silverstein aufgesagt, zuerst das amerikanische Original mit der Originalstimme von Shel Silverstein und dann meine deutsche Nachdichtung. Damit die auch gebührend gewürdigt wird, habe ich zuvor mein gesamtes theoretisches Rüstzeug offengelegt, und wer vor zwei Jahren mein Seminar über das Übersetzen von Lyrik im Literarischen Colloquium Berlin verpasst hat, kann es hier in vollem Umfang nachlesen. Das Seminar konnte man prima verpassen, weil ich mich geweigert hatte, es abzuhalten. »Wenn ich wüsste, wie das geht«, hatte meine Ablehnung gelautet, »wäre ich schön blöd, wenn ich das weitererzählte.«

»Deutsch«, führte ich aus, »sträubt sich viel stärker gegen das Gereimtwerden als Englisch. Noch charakterloser als Englisch ist Französisch. Da reimt sich in Racines *Phèdre* bereits Phèdre auf Racine. Tut mir leid, aber so verdienen die Jungs ihr Geld. Noch schlimmer als Französisch ist Italienisch. Da reimt sich praktisch alles auf alles. Deshalb stelle ich mir vor, dass es in Italien, so wie es in Deutschland Reimlexika gibt, Prosalexika gibt, winzigdünne Broschürchen, in denen die wenigen Wörter stehen, auf die sich gar nix reimt. Und daraus machen dann Leute wie Eco ziegeldicke Romane. Hut ab.«

Seine Exzellenz der irische Botschafter war anwesend und entschuldigte sich zunächst, weil er kein Deutsch kann. Um der drohenden Verbuschung, das ist der Fachausdruck dafür, zu entgehen, müssen Diplomaten immer rotieren, und Seine Exzellenz hätte deshalb, wenn sich das jemand gewünscht hätte, bildschön Italienisch, Russisch oder Japanisch gekonnt, aber für Deutsch war er noch zu neu. »Das Jahr 2008«, sagte er, »ist ein sehr wichtiges Jahr für die hiberno-helvetischen Beziehungen, jährt sich doch zum 400. Mal, nein, nicht die Gründung der Bushmills-Brennerei, die Geschichtszahl weiß jeder, die steht ja auf dem Etikett. Bushmills ist nämlich die älteste lizenzierte Brennerei der Welt. Und auf der anderen Seite des Sees, da, wo ich herkomme«, fuhr er versonnen fort, »in Donegal, steht die älteste nichtlizenzierte Brennerei der Welt. Nein, im Jahre 1608 verloren außerdem noch die beiden letzten irischen Prinzen auf dem Sankt-Gotthard-Pass den irischen Kronschatz. Er fiel in die Teufelsschlucht und wurde bis heute angeblich nicht wiedergefunden.« Forschend blickte er in den Saal. Hunderte Schweizer Augenpaare blickten unschuldig zurück. »Ich persönlich bezweifle das«, nahm er den Faden wieder auf. »Oder wie erklären Sie sich den kometenhaften Aufstieg der Schweiz zur führenden Bankennation Europas?«

Nach der Feierstunde fragte Seine Exzellenz eine schöne Frau: »Soll ich Ihnen einen Wein holen, oder wollen Sie was trinken?«, und wandte sich dann an den Jubilar: »Auf Joyce' Spuren haben Sie sich bestimmt eingehend mit den Dubliner Kneipen befasst.« – »Nein«, sagte Fritz Senn ein bisschen kläglich, »ich trinke nicht viel, und in Kneipen ist es immer so laut; da kann man nicht reden.« – »Ja, so kann ich auch achtzig werden«, höhnte der Botschafter. »Wie wir in Irland sagen: *It's not the years, it's the mileage*, es sind nicht die Jahre, es ist der Tachostand.«

Am schönsten finde ich, dass Fritz Senn mir vor Jahren, obwohl er nicht viel trinkt, das Du angeboten hat. Seitdem sage ich immer: »Wie ich neulich zu Fritz Senn sagte, Fritz, habe ich gesagt.«

Und das Kindergedicht von Shel Silverstein? Wirklich? Na gut. Aber nur eine Strophe. Die neunte. Von elf.

But Pinocchio, Pinocchio,
A fire he did stoke-io
Inside that whale, who sneezed up a gale
And blew him out in the smoke-io.

Doch Pinocchio, Pinocchio
Machte Feuer an mit einem Treibholzblocchio
Im Innern von dem Wal, und der
nieste voller Qual
Hinaus ihn auf das Eiland
Spiekerocchio.

WENN ICH NICHT SO EKELHAFT
BESCHEIDEN WÄRE

Die *Welt* hat mich »bescheiden« genannt. Kurze Zeit
später hat Wiglaf Droste mich in der *jungen Welt* als »be-
scheidenste tragende Säule der Welt« bezeichnet, und
nun platze ich allmählich vor Bescheidenheit, die beste
Voraussetzung, mal wieder, nachdem ich einmal ge-
schwänzt habe, auf die Frankfurter Buchmesse zu fahren. Im Speisewagen treffe ich, wie man dem *Tagesspie-
gel* vom 19.10. entnehmen kann, Harald Martenstein,
welcher aus allen Wolken fällt, als er von mir erfährt,
dass Männer schreiben und Frauen lesen. Ein weiterer
Grund, die Frauen zu lieben. Am Nebentisch sitzt die
Filmemacherin und – das ist mir jetzt echt peinlich –
Autorin Pia Frankenberg und sagt: »Wir treffen uns ja
dann auf dem Empfang von deinem Verlag.« Ich sage:
»Kommst du zu Kein & Aber an den Stand?«, und sie
sagt: »Nein, ich meine den Rowohlt Verlag.« Ich sage,
was ich immer sage: »Nein, ich habe nichts mit dem
Rowohlt Verlag zu tun, nein, ich habe nicht abgenommen, ja, ich spiele bei der *Lindenstraße* mit«, aber das
glaubt sie nur teilweise. In Frankfurt auf dem Bahnsteig
spricht mich ein aus den Medien bekannter Polizist an,
der ein Buch geschrieben hat. Ich sage, was ich immer
sage: »Ich heiße zwar Rowohlt, ich bin aber kein Verlag.
Ich bin ja schon froh, dass ich nicht Kiepenheuer &

Witsch heiße.« Er macht: »Hä?« Ich sage es noch mal, und langsam verliert er die Geduld mit mir: »Was machen Sie denn dann überhaupt?« »Das müssen Sie ermitteln«, sage ich, er macht: »Hä?« »Er-mit-teln«, sage ich und hänge ihn locker ab. Ich weiß nicht, wie er schreibt, aber als Beschatter würde ich zu jemand anderem raten. Auf dem Rowohlt-Empfang spuckt mir Rolf Hochhuth, indem er mich fragt, warum ich nicht die Leitung des Rowohlt Verlags übernommen habe, ziemlich viel Geflügelspieß auf den Bauch. Ich sage, was ich immer sage, und ich sage es, weil Rolf Hochhuth, wie jeder anständige Vordenker, nicht zuhört, zwei Mal: »Nur Minderbegabte und Schwervermittelbare müssen den väterlichen Laden übernehmen, und ich komme auch so ganz gut zurecht, danke schön«, und weil er sowieso nicht zuhört, füge ich mit meiner ganzen geballten Bescheidenheit hinzu: »Werden Sie erst mal so'n Idol wie ich; dann sprechen wir uns wieder.« Manchmal, insgesamt sieben Mal, werde ich auch gefragt, was mein Bein macht, und ich sage, was ich immer sage: »Mein Bein?« Und manchmal werde ich auch gefragt, woran ich gerade arbeite. Ich sage: »An meiner 149. Übersetzung«, und dann hoffe ich, dass es als Nächstes heißt: »Ach ja? Was ist es denn?«, damit ich sagen kann: »Darüber darf ich leider nicht sprechen«, was sogar stimmt, weil das Buch mit ungeheurem Trara gleichzeitig weltweit erscheinen soll, und weil ich noch nie etwas Geheimes übersetzt habe, genieße ich das sehr. Meine Freundin Lydia, eine mit allen Wassern gewaschene Ermittlerin und Beschatterin, sagt lauernd, um Fokussierung bemüht: »Aus dem Ungarischen ist es schon mal nicht«, ich mache: »Hä?«, und sie sagt: »Weil du nicht Ungarisch kannst.« »Derlei hat den unvergessenen verehrten Kollegen Wollschläger aber auch nie davon abgehalten, Bücher aus dem Englischen zu übersetzen«, versuche ich, die Spuren zu verwischen. Wie von ungefähr erscheint mein bewährter Trauzeuge Herr Stroucken, immer noch von seinem Lieblingsstand verzaubert, dem eines russischen Geographie-Verlags, wo er mehrere Stunden lang Globen liebkost und Reliefkarten des Altai-Gebirges gestreichelt hat. Er möchte mit mir in ein iranisches Restaurant, an das er sich nur schemenhaft erinnert, um diese Erinnerung etwas handfester werden zu lassen, und sagt das, was er immer sagt: »Mein Auto steht ganz in der Nähe.« Was er dagegen nie sagt, ist, in der Nähe wovon. Das Auto steht dann ganz in der Nähe des Restaurants, und das Restaurant steht am Hauptbahnhof. Das mit der schemenhaften Erinnerung glaube ich sofort, als er die Tür nicht findet und durchs Fenster einzudringen versucht. Wir bekommen einen Tisch in dem für Gringos reservierten Souterrain und sind neidisch auf die eingetragenen Perser, die im Parterre auf Lederkissen sitzen dürfen, kein Besteck und wahrscheinlich auch keine störenden Teller kriegen, sich den Bauch einquetschen und, wenn es ein bisschen später geworden ist, ein Paar Schuhe anziehen müssen, das keiner mehr wollte. Wir beschließen, nächstes Mal mit Anuschka Roshani, genannt Nuschi-das-Mokkatörtchen, der Frau meines Verlegers Peter Haag, herzukommen. Die ist Halbperserin und weiß bestimmt, was man anstellen muss, um ins Parterre zu kommen. Wissen Sie, wie man eine Iranerin quält? Man besucht sie und will nichts. Nein, vielen Dank, nein, auch keinen Kaffee. Nein, Hunger schon gar nicht. Nein, alles ganz prima. Dann schmort sie durch. Später drücken wir uns die Nase am Parterreschaufenster platt. Festlich sieht das aus. Wie eine Hochzeitsfeier. Ich schlage Herrn Stroucken vor, sich als geübter Trauzeuge ins Gespräch zu bringen, aber da macht er bestimmt alles falsch. Irgendwann wird der Laden geknackt, gern auch barfuß. In der Messefesthalle, Saal »Harmonie«, will ich mir die Jugendliteraturpreisverleihungen ansehen. Ich komme zweieinhalb Minuten zu spät, habe nur die allgemeine Einladung dabei, die ganz spezielle, beglaubigte, in Hamburg vergessen. Die Türfee fragt: »Sind Sie denn eingeladen?« – »Natürlich bin ich eingeladen«, sage ich. »Glauben Sie, ich komme aus Interesse?« Es fehlt nicht viel, und sie hätte salutiert. Ein Mädchen mit Querflöte patzt einmal und sieht danach so unglücklich aus, dass ich ihr an dieser Stelle zurufen möchte: »Das waren doch aber mindestens 400 Töne, Kind, und bis auf den einen blöden hast du die ganz toll geflötet!« Gabriële Haefs bekommt wohlverdient einen Jugendliteraturübersetzerpreis, und als Glückwunsch schenke ich ihr hiermit ein Trema für ihr erstes e. Schnell über die Straße in den Hessischen Hof, wo im Rahmen eines sehr gesetzten Essens der fast gleichnamige Heinrich-Maria-Ledig-Rowohlt-Übersetzerpreis an Dieter E. Zimmer verliehen wird. Franziska Augstein sitzt neben mir und sagt, ihre Lieblingsstelle bei Nabokov sei die mit der blauen Vase. »Das ist bei mir zu lange her; erzähl«, sage ich. »Ich kann nicht alle Bücher vor vierzig Jahren gelesen haben«, verweist sie mich ins Reich der alten Säcke. Ich sage, bei der Trauerrede auf meine Mutter hätte ich zwei Lacher gekriegt, was bei einer Trauerrede kein schlechter Schnitt sei. Bei der Trauerrede auf ihren Vater, kräht sie fröhlich, habe sie fünf gekriegt. Ich gebe zu bedenken, dass meine Mutter im Gegensatz zu ihrem Vater eine Dame gewesen sei und ich erst vierzig werden musste, bevor sie nicht mehr 39 war, weshalb man bei einer Trauerrede vielleicht … »Gut«, räumt sie ein, »wenn du die Trauerrede auf meinen Vater gehalten hättest, hättest du sieben Lacher gekriegt.« »Mit dir kann man arbeiten«, sage ich, und wir geben uns die Hand. Dann schnell vor die Tür, eine rauchen. »Ich liebe das Rauchverbot«, sagt Franziska. »Die interessantesten Männer kommen klaglos mit vor die Tür, wo man sich früher aufs Bitten verlegen musste.« Das mit dem Bitten verweise ich bei diesem Klopfer ins Reich der falschen Bescheidenheit. Bei Bescheidenheit weiß ich schließlich Bescheid. Mirjam Pressler bekommt den Jane-Scatcherd-Preis für ihre Übersetzungen aus dem Hebräischen. Aus dem Hebräischen, sagt sie, ist es eine besondere Schinderei, weil das Hebräische keinen Konjunktiv, keinen Konditionalis, keine Perfekta hat und von so was Feinem wie dem 2. Futur nur träumen kann. Klar, denke ich, die Sprache der Zehn Gebote. Wo kämen wir denn hin, wenn es »Du solltest nach Möglichkeit nicht gestohlen haben wollen« hieße. Gunhild Kübler bekommt den Paul-

Scheerbart-Preis für ihre Emily-Dickinson-Übersetzung. Wie viele Bedeutungen, schwärmt Gunhild Kübler, allein schon das Wort »es« bei der Dickinson hat! Ich gratuliere artig und sage weltmännisch, Emily Dickinson scheine das eigentliche »It-Girl« zu sein. »Genau«, sagt sie, aber in Wirklichkeit denkt sie natürlich: »Schieb du doch ab mit deiner Bescheidenheit.« Nun aber ganz schnell zum *Titanic*-Empfang. Der überschneidet sich immer mit dem gesetzten Essen, weil zu dem gesetzten Essen nur Ausländer und uncoole Deutsche kommen. Die Wirtin des Klabunt, einer wunderbaren Veranstaltungskneipe in Frankfurt-Bornheim, sagt: »Als ich dich aus dem Taxi steigen sah, wusste ich: Jetzt gibt es zehn Minuten Gedrängel um den Rowohlt; da kann ich mir ein Bier holen.« Nach dieser Begrüßung bin ich ganz besonders bescheiden. Der Wirt des Klabunt sagt: »Das hat uns sehr geholfen, dass du uns damals in der *Zeit* erwähnt hast. Dadurch kommen jetzt richtige Qualitätsgäste.« »Und der Hurzlmeier kann sich seitdem auch vor Aufträgen nicht mehr retten«, sage ich, weil ich den grandiosen bildenden Künstler Rudi Hurzlmeier seinerzeit als stillen jungen Mann gerühmt hatte. »Dabei sagt der ständig: ›A, geh weida!‹« Irgendwie hat es der diesjährige Messekatalog nicht. *Die Zeit*, wo ich den Martenstein besuchen wollte, weil er versprochen hatte, er führt Kunststücke vor, steht nicht drin, Zweitausendeins, wo ich den Hurzlmeier besuchen wollte, steht auch nicht drin, dafür aber dick und fett die Schimmelpilz-Direkthilfe. *First things first.* Und am Stand der Brustkrebs-Vorsorge ist Signierstunde. Wer signiert da?

Und was? Ich gebe sechs gickelnden Backfischen Autogramme überallhin, Jeanette Hage vom *Hamburger
Abendblatt* schnürt hinten rechts an mir vorüber und
schnurrt: »So was machst du für mich nie.« »Und das
mit voller Absicht nicht«, sage ich. »Ich weiß nämlich
nicht, wie man Janine schreibt.« Schlagt die Sprin-
ger-Presse, wo ihr sie trefft. Und wenn sie mich hun-
dertmal bescheiden nennt. Bazon Brock erinnert mich
daran, dass ich ihn vor Jahren im Rahmen einer Dichterlesung in Düsseldorf durch Handauflegen geheilt
habe. Ferner habe ich ihm einen wundertätigen Finger-
hut geschenkt, den einst Flann O'Brien für seine Näh-
arbeiten benutzt hat, und den verwahrt er jetzt im Safe.
Er beschwört mich, das professionell zu machen: »Es
gibt so wenig wirklich gute Wunderheiler. Ihr Überset-
zerkollege Jesus zum Beispiel hat keine Werke hinterlassen, nur Wunder. Ich würde notfalls auch levitieren,
wenn der Zulauf mal stockt.« »Und das ist noch nicht
die einzige Gemeinsamkeit«, sage ich. »Jesus war, genau
wie ich«, sage ich, und nun sage ich, was ich immer
sage, »in der dritten Generation ungetauft.«

FERNSEHFILM-FESTIVAL

Ich wurde zum Juror beim 20. Fernsehfilm-Festival in Baden-Baden samt Podiumsdiskussion berufen. Juror kann ich gut. Ich fahre zweimal im Jahr zum Kasseler Literaturpreis für grotesken Humor nach Kassel, einmal zur Preisverleihung und einmal, um mich überstimmen zu lassen. Die Baden-Badener Jury besteht aus dem Drehbuchautor und Regisseur Hendrik Handloegten, der Berliner Casterin Anja Dihrberg, der Jury-Vorsitzenden Klaudia Wick, dem Leiter des Suhrkamp Theater-und-Medien-Verlags, Hans-Jürgen Drescher, Eva Mattes und mir; da müsste das mit dem Überstimmtwerden auch zu schaffen sein.

Zum Auftakt wird der Vorjahressieger, *Autopiloten*, gezeigt. Der abgetakelte Schalke-Trainer kaut im Hotelzimmer Erdnüsse und haut mit der Stirn gegen die Fensterscheibe. Ich raune Eva Mattes zu: »Erdnüsse kauen und mit der Stirn gegen die Fensterscheibe –, das ist besser als vom Balkon springen.« – »Merk ich mir«, raunt sie zurück. Dann werden wir vom Herrn Oberbürgermeister Gerstner begrüßt. »Guten Abend, Herr Gerstner«, mache ich ihn mir gewogen, weil ich natürlich vorher die Anwesenheitsliste auswendig gelernt habe. Dafür verwechselt er Eva Mattes mit Angela Winkler, und ich sage: »Wenn man mich mit Angela

Winkler verwechselte, würde ich einen ganzen Nachmittag lang Erdnüsse kauen und mit der Stirn gegen die Fensterscheibe dotzen.« Ich versuche, sie zu trösten, was zwar gar nicht nötig ist, aber wann hat man schon die Gelegenheit: »In Lüneburg sagte Gudrun – vom Signieren in der Pause weiß ich immer, wie alle heißen – zu mir: ›Haben Sie denn heute Abend ein anderes Programm als letztes Mal?‹ – ›Natürlich‹, sagte ich. ›Letztes Mal hatten Sie ja noch einen zusätzlichen Musiker dabei‹, sagte sie. ›Hä?‹, machte ich, und Jens, ihr Bekannter, sagte: ›Süßi, das war Hüsch.‹«

Jaja, die Lesereisen. Und damit sind wir auch schon bei *Ein starker Abgang*, in dem Bruno Ganz als am Darm erkrankter Schriftsteller einen kränkelnden Verlag durch eine Lesereise zu retten versucht –, eine Lesereise wohlgemerkt, in deren Verlauf er aber keine Mehrzweckhallen füllt, sondern gerade mal Buchhandlungen. Da wäre vielleicht nicht nur medizinische Fachberatung nötig gewesen. Ich gebe das brummig zu bedenken und setze noch einen drauf: »Außerdem kann ich mir nicht vorstellen, dass ein Schriftsteller mit dem Charisma, wie Bruno Ganz ihn darzustellen vermag, es schafft, die Leute in einer Autobahnraststätte so in seinen Bann zu ziehen. Es sei denn, sie wären Komparsen.« Alle hassen mich. Arend Agthe sagt, ich hätte ganz recht. Aber der sitzt nicht in der Jury.

Canzun Alpina beschreibt, wie ein Dorf in Graubünden durch die Macht des Chorgesangs seine Asylanten liebgewinnt. Ich betone meine Expertenschaft als Bass im Oberstufenchor und Ehrentambour der Lozärner

Rüüssfrösch, sage, so einen schönen DEFA-Film hätte ich selten gesehen, und der Regisseur bedankt sich: »Ich habe nämlich in Babelsberg studiert.« Das hat man selten, dass man so ins Schwarze trifft.

Abends um halb acht habe ich eine Lesung. Karl-Otto Saur, der Veranstalter, Karl-Otto Saur, die lebende Legende, sagt: »Dann wollen wir mal anfangen«, ich maule: »Ist doch noch niemand da«, aber es ist eindeutig halb acht. Dann fang ich eben ohne Publikum an. Vielleicht kommt ja noch eins. Bruno Ganz hat so was nur gespielt, denke ich, ich erlebe es.

Danach ist ein – übrigens sehr gut besuchter – Empfang. Eine Engländerin fragt mich, stolz, weil sie so gut Bescheid weiß, ob ich was mit dem Rowohlt Verlag zu tun hätte. »Sie kennen doch Freddy Krueger«, sage ich. »Wissen Sie, warum der so wurde, wie er ist? Den hat man einmal zu oft gefragt, ob er was mit dem Wolfgang Krüger Verlag zu tun hat.«

Morgens in Brenner's (Apostroph nicht von mir) Park Hotel bin ich im Frühstücksraum bzw. im Saal Lichtenthal ganz allein mit einem russischen Oligarchentöchterlein und entzücke es mit meinen zwei Sätzen: »*Mi jedjen w MTS. Djen charaschij.*« (»Wir fahren in die Maschinen-Traktoren-Station. Der Tag ist schön.«) »Gutän Appätit«, gibt sie mir, den Kopf neigend und hold errötend, Bescheid. »Chaben schäne Tage.« Dann kommt die übrige Jury.

Nach *12 heißt: Ich liebe dich* sage ich: »Wie Claudia Michelsen im Verhörbüro geweckt wird, weil sie das Protokoll unterschreiben soll und vor Übermüdung kurz ganz leicht schielt, und wie das Motiv des kurzen, leichten Schielens später – diesmal als Zeichen für Begeisterung – im Beatkeller wiederholt wird … Da bin ich dem Film auf den Leim gegangen und war sekundenlang auf Devid Striesow, Deutschlands Antwort auf Anthony Hopkins, eifersüchtig, der sie nachher kriegt.« Später würdigen wir Claudia Michelsen gesondert, weil sie so kucken kann, dass man gar nicht mehr zeigen muss, was sie sieht, und mir fällt ein Cartoon aus dem *New Yorker* ein. Kommt ein Mann morgens ins Büro und sagt: »Das wird heute ein Tag! Im Bus wurden mal wieder alle von Anthony Hopkins gespielt.«

Bei *Duell in der Nacht* denke ich mir, dass es ja wohl auf der ganzen Welt keinen einzigen …

Fortsetzung nächste Woche

FORTSETZUNG FILMFESTIVAL

Fortsetzung des Berichts vom 20. Fernsehfilm-Festival in Baden-Baden. Der Autor, dortselbst in der Jury, dachte sich bei der Vorführung von *Duell in der Nacht*, dass es ja wohl auf der ganzen Welt keinen einzigen Menschen gibt, dem dieser zähe Quargel gefällt.

Das Licht geht an, und auf einen Schlag lerne ich gleich fünf davon kennen: die übrige Jury. Allein schon, wie die Kamera immer wieder an einem Säulenvorbau mit der Aufschrift POLIZEIPRÄSIDIUM vorbeischlottert. In der Stummfilmzeit wäre das ein Zwischentitel gewesen: MEANWHILE … BACK ON THE RANCH … »Dies war ein Sittengemälde der Berliner Diaspora in Frankfurt. Überall berlinern die Berliner alles voll. Sollen sie doch«, quengele ich, »Berlin vollberlinern. Damit man glaubt, dass der Film in Frankfurt spielt, gibt es die kostspielige Hubschrauberfahrt, stets durch Trompete, mal gestopft, mal nicht gestopft, angekündigt. Ein einziges Mal habe ich einen Schreck gekriegt. Da kam die Hubschrauberfahrt ohne vorherige Trompete. Ich war sofort hellwach. Dann ging der Film aber wieder weiter.« Das war genau die Art Film, füge ich still hinzu, bei der man den Darstellern sagen möchte: »Könnt ihr vielleicht ein bisschen leiser sprechen? Man versteht hier ja jedes Wort.« Alle lieben den Film, um ein Haar bekommt er später den Zuschauerpreis, und mein alter Verdacht beginnt sich allmählich zu verhärten: Ich bin der einzige vernünftige Mensch auf der Welt. Kein schönes Gefühl, wie mir jeder einzige vernünftige Mensch auf der Welt gern bestätigen wird.

Im österreichischen Beitrag, *Der schwarze Löwe*, ist es nicht der Chorgesang, sondern der Fußball, durch den ein Dorf seine Asylanten liebgewinnt. Sagen müssen wir alle was, und ich melde mich, »solang ich noch frisch verheult bin«, als Erster zu Wort. Außer mir kritisieren alle, der Film sei doch reichlich gutgemenschelt gewesen, und der Produzent sagt, der Film basiere auf einer wahren Begebenheit, die sich in Wahrheit noch weit rührseliger zugetragen habe, das zu zeigen hätten sie sich aber nicht getraut. Später dankt er mir für meine Tränen und fragt, an welcher Stelle ich geweint habe. »Am Schluss«, sage ich. »Eh klar«, sagt er. »Der Schluss ist lang. Wo genau?« »Als der schwarze Löwe nach Nigeria abgeschoben wird, sagt die Frau am Check-in, er habe Übergepäck. Logisch habe er Übergepäck, sagt Wolfgang Bötz, das sei schließlich sein gesamter Besitz. Die Frau tippt auf ihren Computer ein und sagt, ohne die amtliche Miene zu verziehen: ›Doch kein Übergepäck. Ich habe mich geirrt. Kann ja mal vorkommen.‹« Der Produzent blickt wie ein satter Kater.

Einmal erntet Eva Mattes unser aller Bewunderung, als sie eine Schauspielerin lobt, diese sei »gut geführt« gewesen, und dabei schier birst vor Kollegialität.

Zum Schluss kommt ein *Tatort*-Krimi, und ich erkläre

mich für vollends unzuständig: »Seit einigen Jahren wird es mir immer wurschter, wer der Mörder war und warum. Sollen sie sich doch gegenseitig abmurksen, wie sie's brauchen, und mich damit in Frieden lassen. Meine geliebte Person behauptet, ohne mich nicht fernsehen zu können. Da haben wir den Kompromiss geschlossen, dass sie Krimi kuckt und ich mir den Hinterkopf kraulen lasse, bis ich in Duldestarre falle.« Später gesteht mir der Drehbuchautor, dass er bei Krimis auch immer einschlafe, gibt aber zu bedenken, wie vorbildlich aktuelle Themen aufgegriffen und in leicht fasslicher Form volksbildend abgehandelt würden. »Ja, ja, ja«, sage ich, »und die Ermittler sind gebrochene Charaktere. Immerhin ein großer Fortschritt gegenüber dem Butler, dem in allerletzter Minute einfiel, beim Servieren des Sherrys einen leichten Bittermandelgeruch wahrgenommen zu haben.«

Und ich bin immer noch erkältet.

Vierzehn Filme haben wir gesehen; über zwölf müssen wir befinden. Am liebsten würde ich mein Recht auf Meinungsfreiheit einfordern: das Recht, frei von jeglicher Meinung zu sein, aber nichts da, gemeint muss werden, und tatsächlich finden wir den besten Film *(12 heißt: Ich liebe dich)* am besten und bedenken *Ihr könnt euch niemals sicher sein* mit je einem Sonderpreis für Drehbuch (Eva und Volker A. Zahn) und Darsteller (Ludwig Trepte), diesen allerdings mit der Auflage, in Zukunft etwas grimmiger zu kucken, weil meine …

Fortsetzung nächste Woche

FORTSETZUNG FILMFESTIVAL

Fortsetzung des Berichts vom 20. Fernsehfilm-Festival in Baden-Baden. Ein Fazit des Autors, dortselbst Jurymitglied: Ludwig Trepte solle zukünftig etwas grimmiger kucken, weil seine Mitjuroren gesagt hatten, das sähe doch jeder, dass der nie Amok laufen und seine Lehrerin umlegen würde. Ich hatte gesagt: »Das sehen wir, aber doch nicht die Leute da oben, da, die auf der Leinwand, und deshalb kommt es zu dieser Kettenreaktion. Drescher, sag doch mal ›Kafka‹.«

Preisverleihung mit anschließendem Empfang. Ich soll dem Ehepaar Zahn je eine Urkunde überreichen und frage: »Ist das mit Bussi? Soll ich jemanden anstecken?« Nein. Stattdessen soll ich die Begründung der Jury, von Hendrik Handloegten geschrieben und von Hans-Jürgen Drescher korrigiert, mit Betonung vorlesen und lobe Anja Dihrberg für ihren schönen Ausbruch: »Musik ist keine Geschmackssache!«

Ansonsten halte ich mich mit Lob zurück, weil Karl-Otto Saur uns ohnehin als viel zu harmonisch längst abgeschrieben hat. Der will natürlich, dass man sich befetzt und geschlossen vorzeitig abreist. Statt dessen lobe ich, das kann nie schaden, Baden-Baden: »Und erst Baden-Baden… Ich habe heute mein Testament geändert. Ich möchte, dass meine Asche in Sura's

Wohlfühlladen verstreut wird.« (Apostroph nicht von mir.) Ansässige Baden-Badener machen sich sofort anheischig, das zu übernehmen; ich brauchte mir gar keine Sorgen zu machen. »Bitte möglichst an einem langen Samstag«, sage ich, »damit alles schön eingesaut wird.«

Der arme Matthias Brandt ist quasi zu sechst und musste ganz allein entscheiden, welcher von vier Filmen den MFG-Star bekommt. MFG bedeutet Medienförderung und irgendwas mit G, und Star bedeutet eine grün-bunte Trophäe. Matthias Brandt erzählt, am Stadttheater von Oldenburg in Oldenburg sei »Lügen können Sie zu Hause« der schlimmste Tadel gewesen, und nachdem ich ihn verstanden habe, leuchtet er mir ein. Und er berichtet von einem irakisch-israelisch-britischen Regisseur, der, weil es ihn in der Welt so umgetrieben habe, keine Sprache so ganz richtig beherrsche und bei einer Probe, bei der ein lebendes Huhn gebraucht worden sei, sagte: »Ohne die Huhne auf die Buhne ich machen Verabreisigung.« Und Matthias Brandts kleine Tochter (8) wünscht sich immer Spaghetti, aber inzwischen glaubt er, dass es weniger wegen der Spaghetti ist als deshalb, weil er, Matthias Brandt, nach dem Essen immer als Bruno Ganz als Adolf Hitler sagt: »Dos host do got gemocht.«

Die vier Filme hat Matthias Brandt gratis beurteilt. Ich kriege einen Schreck und frage Karl-Otto-Saur, die lebende Legende, ob es eine Aufwandsentschädigung gibt: »Ja. Das steht doch alles in Ihrem Brief«, sagt er. »Jetzt soll ich auch noch meine Post lesen«, sage ich und setze hinzu: »Wenn ich gewusst hätte, dass es Geld gibt, hätte ich meine Verdikte begründet.«

Dabei hätte mir Udo Samels Wahlspruch geholfen, wie ihn, ja: Matthias Brandt überliefert hat: »Was ich nicht kann, mach ich mit Schwung.« Überhaupt dieser Matthias Brandt. Alle, denen ich sage, was für ein zutiefst angenehmer Mensch Matthias Brandt ist, fragen: »Ach, ist der wirklich so nett?« Ein Anspruch, an dem ich längst zerbrochen wäre.

Auf der Heimfahrt holt der Speisewagenkellner noch ein paar zusätzliche Punkte für die Schweiz. Er bringt den zum *Salat Vital* gehörigen Brotkorb, ich frage: »Kann ich ein Stück Butter haben?«, er mustert mich verschlagen, aus seiner Manschette gleitet die eingeschweißte Butter in seinen Handteller, und wenn die Butter ein Gold-Escudo gewesen wäre und kein Tischtuch auf dem Tisch gelegen hätte, hätte er sie auf der Tischplatte rotieren lassen. Nur den *Salat Vital* bringt er nicht. Ob ich den wohl kriege, bevor ich in Hamburg Dammtor aussteigen muss, erkundige ich mich? »Gesät ist er«, seufzt er, »jetzt muss er nur noch sprießen.« Als hätte das 20. Fernsehfilm-Festival Baden-Baden der Deutschen Akademie der Darstellenden Künste mit öffentlicher Podiumsdiskussion der Jury nie stattgefunden.

Und jetzt habe ich doch tatsächlich vergessen zu erwähnen, wie schön Eva Mattes *Ich mache alles mit den Beinen* von Curt Bois gesungen und dazu mit dem Mund gestepptanzt hat. Dabei war das das Schönste, und ich hatte es mir für den Schluss aufgespart.

2009

WINTERHUDER GESTALTUNGSWILLE

Da hat man zwei Stunden was für den NDR gemacht, und jetzt will er zur Strafe meine Lohnsteuerkarte und meine Immatrikulationsbescheinigung –, anstatt sich um seinen eigenen Kram zu kümmern und Gerngehörtes zu senden wie *Auf ein Wort!* mit Dr. Julia Dingwort-Nusseck, die Morgengymnastik mit Hildegund Bobsien, Gerhard Gregor an der Funkorgel und Adalbert Luczkowski und sein Orchester. Wo doch das augenbetaute Albwachen etwas über den Frühling gebietet.

Bald werden die winterlichen Plakate mit den Immobilienfachleuten meines Vertrauens vom Eiskiosk entfernt, und dann gibt es wieder Eis, Eis in den beliebten Geschmacksrichtungen Kordhose, Hallenbad und rote Marmelade.

Also mal überprüfen, was der Frühling mit Winterhude angestellt hat, einem in seinem Gestaltungswillen einmaligen Nachbarstadtteil. Der Gestaltungswille der Winterhuder geht so weit, dass man bei vielen Läden gar nicht weiß, was für Läden sie sind. Die Namen der Läden sind meist reine Poesie und helfen kaum weiter. Mein Lieblingsladen war früher eine ganz normale Muttermilchabsaugpumpenmietzentrale und wurde durch Umsicht, Tatkraft, unternehmerisches Geschick und Gewerbefleiß zu einem Fachgeschäft für Hotelbedarf erweitert. »Wenn es mal mit dem Über-die-Käffer-Tingeln nicht mehr so klappt«, habe ich oft gedacht, »kaufe ich mir hier einen Gepäckbock (chrom oder gold), und wenn ich morgens mit der üblichen Frage ›Wo bin ich?‹ aufwache, denke ich nicht: ›Zu Hause‹, und schlafe wieder ein, sondern: ›Bad Soden? Bad Wildungen? Bad Oeynhausen?‹« Allein zwölf verschiedene Rezeptionsklingeln für den ungeduldigen Wirkwarenvertreter gilt es zu bestaunen. Bei der vorletzten Überprüfung gab es noch zwei weitere Ausstellungsflächen im Souterrain, wo Spezialnachttischlampen für Analphabeten zu sehen waren, bei deren Schein man keine Bücher lesen kann. Inzwischen ist dort ein Café, und auch hier wird das Okkulte gepflegt. Auf Wunsch führt Silke einen in Magie und Hexerei ein, und die innere Bangbüx gewinnt die Oberhand. Die dortige Buchhandlung hat eine Schaufensterdekoration, als wäre sie die offizielle Muttermilchabsaugpumpenmietzentrale. Zeit, ins sachliche Eppendorf zurückzukehren. Ich treffe einen bekannten Literaturkritiker, rüge seine Müßiggängerbräune, aber nach kurzer Taschenkontrolle (3 Bücher, 1 Collegeblock [spiralgeheftet], 1 Liter Rotwein) darf er passieren. »Die belletristischen Übersetzer werden auch immer dreister«, murmelt er und trollt sich in Richtung Winterhude, wo er sich mehr Verständnis für Geistesmenschen erhofft. Die ersten Hunde stürzen sich in die Alster, aber nur, um sich, vermute ich, anschließend schütteln zu können, nach dem Prinzip *To Whom It May Concern*. »Nass geworden?«, kucken sie anschließend, als wäre nichts. Auf den Weg zur »Schramme«, was keine Notambulanz, sondern eine grundsolide Kneipe ist, haben die Kinderchen mit rosa Kreide Handicaps geschrieben: GEHE ZUM 1. LEVEL MACHE HANDSCHTAND. Da man in ständiger Gefahr schwebt, über den Haufen geschlendert zu werden, wartet man, bis keiner kommt, und macht dann widerstrebend Handstand. Man weiß ja nie. Und nach einer notärztlichen Grundversorgung in der »Schramme« wird es auch allmählich Zeit für Pfingsten.

ACH, FRANCIS

Nun hat sich also auch mein kleiner Francis davonge-
stohlen, Frank McCourt, der in der *Asche meiner Mutter*
beschreibt, wie ein Mentor zu ihm sagt, Frank sei ein
Name für Amis und Gangster, und ihn deshalb Francis nennt. 1996, als Irland das Schwerpunktthema der
Frankfurter Buchmesse war, sah ich ihn aus dem kleinen Shuttlebus. Ich kannte ihn nur von einem Auto-
renfoto im Passbildformat, hätte ihn aber wohl auch
wiedererkannt, wenn er von Immendorff gemalt gewesen wäre, und sprang zwischen zwei Haltestellen
aus dem Bus, um ihn abzuküssen, so lieb hatte ich ihn
beim Übersetzen seines, wie sich sehr bald herausstellen sollte, Weltbestsellers gewonnen, und begrüßte ihn
schwer insidermäßig mit: »Francis!«

»*You've got to be Harry*«, schwante es ihm prompt,
und wir gingen zu Luchterhand, Standdienst verrich-
ten. Unter Umgehung des Frühschoppens – den es
(Schwerpunktthema Irland!) am Ende der Halle ganz
leicht gegeben hätte – stimmten wir die Ballade *Kevin
Barry* (am 1. November 1920 in Dublin gehängt) an.
Und dann noch weitere Balladen: ein Autor und sein
Übersetzer.

Abends hatten wir eine kleine Lesung miteinander.
Anne Clune, die Autorin der wegweisenden Flann-

O'Brien-Biographie, und Mary Breasted, die den schönen kleinen Roman *Das Wunder von Dublin* geschrieben hat, beschworen Francis, doch bittebittebitte die *Rose of Tralee* zu singen, ein Lied, dessen Bedeutung sich noch nie jemandem erschlossen hat, heißt es doch am Schluss, sie, die Rose von Tralee, sei deshalb überall so wohlgelitten gewesen, weil die Wahrheit stets in ihren Augen gedämmert habe, was tatsächlich möglicherweise Stuss ist, aber gesungen sehrsehrsehr gut klingt. Er ließ sich nicht lange beschwören, und Mary Breasted hatte ohnehin Oberwasser, hatte ich ihr doch auf dem offiziellen Empfang gepetzt, die stellvertretende Kulturattachée der irischen Botschaft habe *Das Wunder von Dublin* als »silly little novel« bezeichnet. »Welche ist es genau?«, hatte Mary Breasted maßnehmend gefragt. »Damit es keine Unschuldige trifft?« Und der stellvertretenden Attachée von hinten in beide Kniekehlen getreten, dass die sich heute noch fragt, was sie 1996 getreten hat.

Francis sang also zu Beginn die *Rose of Tralee*, in der John-McCormack-Nachfolge, der Tradition der denkenden Tenöre, und zwar vorsichtshalber für unsere gehörlosen Mitbürger, denn bei jedem Organ, das erwähnt wurde – *heart* beispielsweise –, deutete er auf die betreffende Stelle am hageren Asketenkörper, um dann, beim rätselhaften Schluss – »... *and the truth that always dawned in her ... eyes!*« –, beidzeigefingrig auf seine, erraten, Augen zu weisen. Anne Clune und Mary Breasted lagen mit geschlossenen Augen – der Ire ist nun mal ein Ohrenmensch – hyperventilierend auf ihren Stühlen und lachten sich schlapp. Volker Hage vom *Spiegel* wollte alles fein auf Video aufnehmen, hatte aber die Kassette mit »Laura lernt laufen« eingelegt, die er nicht überspielen mochte, so dass Sie mir das so glauben müssen.

Und ich hatte, damals, beim Übersetzen, als kleinen Leser- und Sängerservice alle zitierten Lieder so übersetzt, dass man sie auf Deutsch nach derselben Melodie hätte singen können, wenn man gewollt hätte. (Im Anhang natürlich noch mal die Originaltexte, eh klar.) Bei zwei oder drei Liedern kannte ich die Melodie nicht, und Frank McCourt sang sie mir in New York am Schreibtisch a cappella auf Tonbandkassette. Und dann, weil er nicht wusste, ob das wirklich schon alle waren, alle weiteren auch. Und dann vorsichtshalber noch ein paar. Und dann noch ein paar richtig schöne. Und verdammt will ich sein, wenn ich weiß, wo ich die Kassette hingeschlurt habe. Laura lernt laufen, aber hallo.

Vor ein paar Jahren war er in Hamburg und sagte seinem Publikum: »Ich hätte *Die Asche meiner Mutter* immer noch nicht fertig geschrieben, wenn auf der anderen Seite des Atlantiks nicht mein alter Kumpel Harry gesessen und mich bedroht hätte.« Das war leider gelogen, muss ich an dieser Stelle allen Anglohibernistik-Studentinnen sagen, die ihre Magisterarbeit über Frank McCourt schreiben wollen, oder doch zumindest stark übertrieben. Auf jeden Fall übertrieben. Wenn auch nicht sehr. Vielleicht hat es sogar, wenn ich es recht überlege, gestimmt. Aber nicht sehr. Wenn man sich sehr bemüht, findet man bestimmt Sachen, die wahrer sind. Noch wahrer.

Gestern habe ich ihn in *kulturzeit* auf 3sat wiederge-
sehen. Ob er vielleicht was singen möchte?, fragte ihn
die Interviewerin. Ob er vielleicht was singen möchte?
Ist der Papst katholisch? Kacken die Bären im Wald?

Und jetzt alle zusammen:

> In Mountjoy, am Montagmorgen,
> Oben an dem Galgenbaum
> Schwand Kevin Barrys junges Leben
> Für der Freiheit süßen Traum.
> Ein Bursche nur von achtzehn Sommern –
> Es zu bestreiten wär nicht klug –,
> Als er in den Tod marschierte,
> Dass er den Kopf erhoben trug.

Erin go bragh, Francis, *sláinte*, du fehlst, Alter.

SELBSTANZEIGE

Lieblingserlebnis 1. Im Park hält eine Dame an der langen Leine eine Beagle-Hündin, die sich sozusagen im Handstand löst, das heißt, sie steht auf den Vorderbeinen und pinkelt dabei. Ich bleibe stehen und lobe: »Das ist ja richtig akrobatisch.« Die Dame errötet leicht und sagt: »Hab ich ihr ja auch jahrelang vorgemacht.«

Lieblingserlebnis 2. Ich will bei der *Lindenstraße* anrufen, verwähle mich und wähle nicht 0221/2205294, sondern 0221/2295294. Eine unbekannte Männerstimme meldet sich: »Ja?« Ich sage: »Moin, hier ist Harry. Kann ich bitte Thomas sprechen?« – »*Wer* ist da?«, fragt die unbekannte Männerstimme. Ich denke: »Generation Praktikum«, und sage, fettig mit Sarkasmus versetzt: »Hier ist Harry Rowohlt. Ich spiele seit vierzehn Jahren einen Nichtsesshaften in der beliebten Vorabendserie *Lindenstraße*, die sonntags von der ARD um 18 Uhr 50 ausgestrahlt wird.« Sagt der Mann: »Und da rufen Sie die Polizei an?«

Und dann war ich siebzehn Tage in »jener Herrlichkeit namens Griechenland« (Flann O'Brien). Laiki, unser kommunistischer Ex-Bürgermeister, kommt gerade rechtzeitig, als Kneipenwirt Iorgo Tiger mit seiner Schrotflinte einen Fuchs abknallen will, haut dem Tiger die Flinte hoch, sodass der Schuss nur den Himmel über der Ägäis trifft, und fährt ihn an: »Anstatt froh zu sein, dass wir so etwas Schönes wie einen Fuchs noch haben, knallst du ihn ab, du Träne.« Der Tiger verteidigt sich, der Fuchs klaue ihm immer die Hühner. »Dann bau Hühnerdraht drum rum, du Faulpelz!« Inzwischen hat Ianos, Laikis einäugiger Hund, gewittert, dass der Fuchs eine Füchsin ist, und macht mit ihr das, was sein Herrchen immer mit Touristinnen macht. Die Füchsin legt die Ohren an und denkt: »Etwas Besseres als den Tod finde ich allemal«, und Ianos, der einäugige Ex-Bürgermeistershund, denkt: »Kann mir mal jemand sagen, warum hier alles lacht?«

In seiner Amtszeit hat Laiki zwei Umkleidekabinen errichten lassen. Die eine wurde vom Meer verschlungen und nie wieder hergegeben, und wenn mich ein Tourist fragt, ob man sich hier irgendwo umziehen kann, deute ich auf die andere und sage: »Dort, im letzten stummen Zeugen der kommunistischen Unrechtsherrschaft.«

Weil ich zu blöd für einen Computer (nicht dagegen blöd genug für ein Handy) bin, brauche ich dringend eine Schreibmaschine mit deutschen Typen. Man ist ja nicht nur selbstischer Erlebniskonsument, sondern man will Ihnen auch was davon erzählen, also *Ihnen*, nicht Herrn Grau aus Bamberg. Ich höre, dass ein Deutscher, den ich von früher kenne, mir seine leihen will. Wir fahren auf den Pilion, wo er am schroffsten und schrundigsten ist, altes Andartenland, Partisanengebiet, während des Bürgerkriegs als Räterepublik unabhängig. Er zeigt mir seine Schwarzbrennerei und seine

Schreibmaschine. Wie ein Koksdealer benetze ich mein Zahnfleisch mit Feigenschnaps und bewundere das Schreibmaschinchen, eine liebevoll gepflegte, tadellos funktionierende echte »Voss«. Ich frage ihn, wo ich sie am Abreisetag vertrauenswürdig im Kreiskaff abstellen soll, damit er sie dort irgendwann abholt. Er sagt, er hat sowieso einen Computer, und besteht darauf, sie mir zu schenken, ich will aber nichts so Wertvolles geschenkt kriegen und bestehe darauf, dass er sie behält.

Vor vielen Jahren versuchte er, in Deutschland Fuß zu fassen, und rief mich an, um mir für meinen Verlag eine Telefonanlage anzudrehen. Damit bezog er sich auf den gleichnamigen Rowohlt Verlag, den mit Abstand bedeutendsten belletristischen Verlag im gesamten Landkreis Stormarn. Ich sagte, erstens hätte ich keinen Verlag, würde nur wegen seiner Telefonanlage auch keinen gründen wollen, und zweitens hätte ich genau diese Telefonanlage als Lehrling bei Suhrkamp bereits am eigenen Leibe erlebt. Die hatte vier Anschlüsse und beherrschte ein »Besetzt«-Zeichen erst, wenn auf allen vier Anschlüssen gesprochen wurde, sodass praktisch jeder Anrufer sagte: »Warum geht denn bei euch niemand ans Telefon?« Das erklärte man dann, Peter Weiss sagte, Entschuldigung, das habe er nicht gewusst, die Brecht-Erben sagten, jaja, die Technik, Martin Walser herrschte einen an, er wolle sofort zu Herrn Dr. Unseld durchgestellt werden, und Uwe Johnson kapierte wie immer gar nix.

Vielleicht hätte ich die Schreibmaschine doch nehmen sollen.

2010

NETTE LUMPEN

Bernd Rauschenbachs, des Sekretärs der Arno Schmidt Stiftung, Augen leuchten, als er von seiner Vision erzählt. »Sechs Kilo? Überhaupt kein Problem«, hatte Deutschlands größte und renommierteste Buchbinderei gesagt, nachdem sie ihre Zulieferer befragt hatte, ob das gelieferte Gerät wohl *Zettels Traum* würde wuppen können. Aber dann waren die Bindestraßen zusammengebrochen, und die Kantenschneider barsten. »Ich komme auf die Buchmesse, und die Regale aller deutschen Verlage sind leer. Und jetzt ich: ›Wenn sich die Herren für deutschsprachige Lektüre interessieren, da hätte ich vielleicht was für Sie ... Wie viele darf ich Ihnen einpacken lassen?‹« Auch die Augen der Literaturkritiker von *Focus*, dem etwas anderen Nachrichtenmagazin, hätten aufgeleuchtet, hätte sie der Engpass des ungewohnten Entzifferns von Büchern doch vollends enthoben. Ohnehin entfallen nur knapp zehn Prozent der gesamten Buchproduktion auf Belletristik, um die dann über neunzig Prozent vom Gesamtgeschiss gemacht werden. Ich überfliege die *Alice im Wunderland*-Übersetzung von Christian Enzensberger und sage: »Wenn es irgendeinem schurkischen Verleger gelingen sollte, mich zu einer Neuübersetzung zu überreden, werde ich den Titel ändern, *Alice in Wunderland*, wie in ›in

England‹, denn wenn Lewis Carroll kein richtiges Land gemeint hätte, mit Königin und allem Zick und Zack, hätte er das Buch *Alice in the Land of Wonderment* oder so genannt, alle würden den Titel sehen, stutzen und denken: ›Mensch, Mensch, Mensch, der hat sich ja wirklich was gedacht. Na, Zeit, die Gülle auszubringen.‹« Der grandiose Künstler Peter Schössow fragt den grandiosen Künstler Nikolaus Heidelbach missbilligend: »Was?! Du siehst *Wetten, dass …?!*« Der grandiose Künstler Nikolaus Heidelbach sagt in Selbstverteidigung: »Ich habe Kinder.« Ich sage: »Das höre ich mir jetzt seit dreißig Jahren an.« Auf dem Rowohlt-Empfang erkundigt sich Dr. von Hirschhausen nach meinem Befinden, und das lasse ich mir natürlich nicht zweimal sagen, sondern ich fange ganz unten hinten an und steigere mich langsam bis zu einer Schilderung meines letzten Arztbesuchs am Morgen nach dem Unentschieden St. Pauli/HSV, wie mir mein Leibarzt anschließend durch das Wartezimmer nachgerufen hatte: »Und nie vergessen: Bis zur vorletzten Minute hatte der HSV den Ködel in der Hose, dœ. Und nimm von den Tropfen doppelt so viel, wie ich dir verschrieben habe; ich bin ja kein Homöopath, dœ.« Dr. von Hirschhausens Augen leuchten, als er vernimmt, wie die Ärzteschaft sich allenthalben wacker schlägt, und in mir keimt der Verdacht: »Der tut ja nicht nur so, der Lump, der ist ja wirklich nett.« Jemand wirft mir vor, ich interessierte mich nicht für Menschen, und ich versetze knapp: »Ich interessiere mich sehr wohl für Menschen, ich interessiere mich nur nicht für Menschen, die Bücher schreiben (und sie mir anzudrehen versuchen, damit ich sie in meinem renommierten Verlag unterbringe), denn die interessieren sich bereits genug für sich selbst, und da will man dann auch nicht stören.« Wenn ich irgendwo reinkomme, sage ich als Allererstes: »Nein, ich habe nichts mit dem Rowohlt Verlag zu tun, nein, ich habe nicht abgenommen, ja, ich spiele bei der *Lindenstraße* mit.« Da ist dann was für jeden Geschmack dabei. Und wenn mich jemand fragt, was er unternehmen muss, um veröffentlicht zu werden (möglichst in meinem renommierten Verlag), sage ich: »Machen Sie's wie ich. Ich schreibe nur auf Bestellung und brauche mir dann um die Veröffentlichung keine Sorgen zu machen.« Darauf erwidern die jungen Autoren, einer wie der andere, als hätten sie es untereinander abgesprochen: »Wäwäwäwäwäwäwä.« Auf die schon oft gehörte Journalistinnenfrage »Warum leben Sie in Hamburg?«, antworte ich zum ersten Mal was Kurzes und Vernünftiges: »Das Leben ist ohne Heimweh schon schwer genug.« Stimmt ja überhaupt. Bloß weg hier. Auf dem Frankfurter Hauptbahnhof fragt mich ein Mann: »Haben Sie mal achtzig Cent?« Ich gebe ihm eine Zwei-Euro-Münze, er betrachtet sie und sagt: »Na gut.« Beim *Tatort* aus Münster schreit im heimischen Fernseher ein Mädchen: »Mein Tagebuch! Das darf niemand lesen!«, und ich denke: »Das ist die richtige Einstellung, Herr Professor Raddatz.«

2011

ALLES ÜBER FLANN

Ich weiß: Ich bin wieder in Österreich. Ich fahre von St. Pölten über Hütteldorf nach Wien Westbahnhof, und in Hütteldorf steht auf der Anzeigetafel über dem für uns zuständigen Gleis nicht etwa »Wien Westbahnhof«, sondern dick »Salzburg« und dünn »Albertina«. Ich will doch aber wissen, wohin der Zug fährt, und nicht, wie er mit Vornamen heißt und wo sich Albertina vor meiner Zeit überall herumgetrieben hat. Später erfahre ich, dass ich mit meiner Albertina noch Glück gehabt habe. Inzwischen heißen österreichische Züge so, dass man den alten »No na«-Witz wird umschreiben müssen. Kommt ein Mann, in jeder Hand einen Koffer, unter den Armen je eine Reisetasche und im Mund den Griff einer Aktentasche, auf den Bahnsteig gehetzt, wo der Zug gerade davonfährt. Ein Herumsteher fragt mitfühlend: »Sie haben wohl den Zug verpasst?« Der Mann spuckt die Aktentasche aus und sagt: »No na, verscheucht.« Neu fragt der Herumsteher mitfühlend: »Sie haben wohl den 30. Jahrestag der Gründung des katholischen Landfrauenverbands e.V. verpasst?« »No na«, versetzt der Reisende patzig, »ich habe den 30. Jahrestag der Gründung des katholischen Landfrauenverbands e.V. verscheucht.«

In Wien grüßen mich Firmenschilder: »Erzeugung

von Klavieren«, »Dolmetschungen« und »Bettfedern-reinigung in Ihrer Gegenwart«. Aber ich will mich nicht festlesen, sondern zum Ersten, wie die Veranstalter glauben, Internationalen Flann-O'Brien-Kongress. *ZEIT*-Leser wissen natürlich, dass es bereits 1986 einen gegeben hat, in, no *na*, Dublin.

Bereits am zweiten Tag bin ich eingeteilt. Kurt Palm und ich sollen was erzählen. Kurt Palm hat den besten Roman der Welt, *Auf Schwimmen-zwei-Vögel*, verfilmt, und ich habe in dem Film den altirischen Sagenhelden Finn MacCool gespielt. Zu Beginn werden unsere jeweiligen Taten aufgezählt. Kurt Palm wird gefragt, was es mit seiner Veranstaltungsreihe »Kochen mit Joyce« auf sich habe, und er sagt: *»I can chop an eel and talk about Joyce at the same time.«* Bei jeder Erwähnung des Namens *James Joyce* entfährt mir ein missbilligendes Geräusch. Um eine Präzisierung dieses Geräusches gebeten, sage ich: *»I can chop Joyce and talk about an eel at the same time.«*

Vier Tage lang werden 40 *»Papers«*, eine Ausstellung, zwei Filme, ein Empfang in der Residenz Seiner Exzellenz, des irischen Botschafters (an der Mauer vor dem Haus neben der Residenz Seiner Exzellenz ist eine Tafel angebracht, auf der steht, der Architekt sei zum Bau dieses Hauses »befugt« gewesen, also nicht nur von 8 bis 10 und von 14 bis 18 Uhr, sondern den ganzen Tag), drei *»Keynote«* genannte Vorträge, drei Lesungen, zwei praktische Vorführungen und ein Heuriger geboten, die *»Papers«* teilweise zeitgleich, sodass man sich entscheiden, entscheiden, entscheiden muss. Ich habe nur drei *»Papers«* (also insgesamt sechs, wegen zeitgleich) verpasst und kann jetzt praktisch jede Frage zu Flann O'Brien beantworten: Nein, er war nie mit dem Kölner Korbflechterstöchterlein Klara Ungerland verheiratet, welches nach einem Monat an galoppierender Schwindsucht starb; er war überhaupt nicht in Köln, geschweige sonst wo im Ausland gewesen, alles Lüge. Ja, die *Irish Times* hat ihn tatsächlich als Kolumnisten eingestellt, weil sie nicht wusste, wie sie sich sonst vor seinen Leserbriefen retten sollte. Ja, der bedeutende Physiker Erwin Schrödinger folgte einem Ruf nach Dublin, weil er begeisterter Leser von Flann O'Briens Kolumne in der *Irish Times* war. Ja, Flann O'Brien hat in seiner Kolumne in der *Irish Times* gehöhnt, alles, was Schrödingers Institut gelingen werde, sei der Nachweis, dass es zwei Hl. Patricks und keinen Gott gebe. Ja, er hat eine Abmahnung kassiert, diese Behauptung zu unterlassen. Nein, er hat sie nicht wiederholt. Wusste ja inzwischen eh jeder. Ja, Flann O'Brien hat bahnbrechende Erkenntnisse in der Atom-Molekular- und Festkörperphysik vorausgeahnt, u. a. den Laser und die CD mehr oder weniger vorhergesagt. Ja, Joyce hat gestunken wie Socke. Ja, Flann O'Brien hat unter dem Pseudonym »Oscar Love« in Leserbriefen an die *Irish Times* vehement für die Spanische Republik und gegen Franco Stellung bezogen. Nein, ohne das Fahrrad, den Daimler des kleinen Mannes, hätte die irische Unabhängigkeitsbewegung nie und nimmer obsiegen können. Und als beim Brand eines Waisenhauses die Mädchen elend verbrannten, weil die Nonnen sie im Schlafsaal eingesperrt hatten, damit die Feuerwehrleute sie nicht im Nachtgewand zu sehen bekamen, war unser aller Flann O'Brien in seinem Brotberuf als Beamter der Einzige, der das kritisierte. Und später, in seiner Eigenschaft als Dichter, einen bitteren Limerick darüber verfasste, der ihn die Gefolgschaft von Gefolgsleuten kostete, auf die er ohnehin durchdringend pfiff. Wie der Limerick ging? Muss ich noch recherchieren. (Zur Entschädigung kann ich Ihnen einen Haiku aus eigener Erzeugung anbieten, auf den ich unbändig stolz bin. Ein Verlag, der eine Haiku-Anthologie plant, hat ihn bestellt. Zur Erinnerung: Silbenschema 5–7–5; gern mit jahreszeitlichem Bezug. »Besonders im Herbst / Vergesse ich, wie viele / Silben ein Haiku.«)

Das Fazit dieser Veranstaltung? Der von mir geschätzte (und übersetzte) Autor Roger Boylan sagt: »Man darf Flann O'Brien – und auch sonst nichts, was man liebt – nicht den Akademikern überlassen. Sie treiben Anamnese und Exegese, und alles, was man versteht, ist, dass sie nicht viel kapiert haben.« Ich sage: »Und wenn ein Flann-O'Brien-Zitat erklingt, lachen sie, als hätten sie es noch nie gehört.« Der Autor Julian Gough sagt: »Haben sie offenbar auch noch nicht. Durch das Hören erschließt es sich ihnen plötzlich.«

Wie hieß es so richtig auf dem Firmenschild? »Dolmetschungen«. Möglichst in der Gegenwart.

2013

GIRLS, GIRLS, GIRLS

Als ich '70/'71 Hilfslayouter im feinen, kleinen Verlag Grove Press in New York war, wurde ich zu einem der ersten Opfer der »Neger«-Debatte. Wir bereiteten die Taschenbuchausgabe der *Memoiren eines Revolutionärs* von Pjotr Kropotkin vor. Zuständige Lektorin war unerklärlicherweise Robin Morgan, die ich nicht leiden konnte, weil sie a) eine monothematische Feministin, b) ein Ex-Kinderstar aus einer Fernseh-Familienserie und c) erschreckend ungebildet war. Das war zwar alles nicht ihre Schuld, aber außerdem war sie d) die einzige Vorgesetzte, die ihre Untergebenen wie eine Vorgesetzte behandelte. Richtig laut und mit Ei dabei. Uns allen war natürlich klar, dass sie den Job als Quoten-Feministin bekommen hatte, um vom schönen erotischen Programm des Verlages abzulenken, und weil sie in allen anderen Abteilungen etwas hätte können müssen, wurde sie ins Lektorat gesetzt. Mir nun erteilte sie den Auftrag, nein, gab sie den Befehl, in den gesamten *Memoiren* (519 Seiten) das Wort *girl* durch das Wort *woman* und das Wort *girls* durch das Wort *women* zu ersetzen. »Ach ja?«, fragte ich grausam. »Hast du entdeckt, dass im Original *zhjenschtschina* statt *djewuschka* steht?« – »Dies ist ein Befehl«, entgegnete sie, auch nicht auf den Mund gefallen. »Aber der Fachausdruck für eine junge

Frau lautet doch ›Mädchen‹«, führte ich lahm ins Feld. »Dies ist ein Befehl«, begann sie sich zu wiederholen.

Man sollte gar nicht meinen, wie oft Revolutionäre in ihren Memoiren Mädchen erwähnen. Ich ließ die Wörter *woman* und *women* in der entsprechenden Type und im entsprechenden Schriftgrad zweihundertmal setzen, schnitt sie aus und klebte sie auf und schnitt sie aus und klebte sie auf und schnitt sie aus und klebte sie auf. Kein Wunder, dass mir die US-Einwanderungsbehörde zu meinem 50. eine Green Card schickte.

Rodeo in Dalhart, Texas, 1972. Beim *bullriding* springt der Cowboy vorschriftsmäßig in der 12. Sekunde vom Stier, der Stier will es wissen, bohrt dem Cowboy das rechte Horn durch den Bauch und wirft den Mann durch die Luft. Der Stadionsprecher sagt: *»Well, we certainly hate to see this, yessirreebob, we certainly do.«*

Berlin-Steglitz, 2012. Weil ich mich vor einer Lesung immer noch ein bisschen vor die Tür stelle, um Passanten den Arm umzudrehen – nur so kriegt man die Hütte voll –, stehe ich vor dem Schlossparktheater und drehe Passanten den Arm um. Ein prunkvolles Ehepaar nähert sich, sie ganz in Rot, mit ein paar schwarzen Akzenten, er ganz in Schwarz, mit einem roten Einstecktüchlein. Ich hebe den rechten Daumen und sage zum Mann: »Prima Einstecktüchlein!« Er blickt irritiert an sich herunter, stutzt und röhrt: »Och nöö! Hatses schon *wieder* jeschafft!«

Februar 2013, Lesereise nach Schriesheim, Reutlingen, Ulm und Gröbenzell. »Schriesheim? Gröbenzell?«, höre ich Sie fragen. Schriesheim ist mit der Straßenbahn € 6,40 von Mannheim und € 1,90 von Heidelberg entfernt und Gröbenzell zwölf Bushaltestellen von Puchheim. Bitte, gern.

In Schriesheim macht Utes Bücherstube den Büchertisch, und ich dichte dankbar: »Oma, Opa, Mädchen, Bube – / Ab in Utes Bücherstube!«

In Reutlingen macht die Osiandersche Buchhandlung den Büchertisch und höhnt: »Auf ›Osiander‹ findest du sowieso keinen Reim!« Ungerührt dichte ich: »O Ichthyolog’, von ›Aal‹ bis ›Zander‹ / Bestimmungsbuch nur bei Osiander!«

In Ulm macht die Buchhandlung Jastram den Büchertisch, und als die Lesung vorbei ist, ist zu meiner Erleichterung auch das sonst so vorbildliche Jastram-Kollektiv abgehauen. Jastram? Jastram?

In Gröbenzell macht die Buchhandlung Litera den Büchertisch, und es wird wieder ganz leicht: »In Gröbenzell rëitera – / Tiv stets zur Litera!«

Zu Hause erwartet mich eine zerknirschte Ansichtskarte von der Buchhandlung Jastram in Ulm. Vorn auf der Ansichtskarte ist ein Foto von Prinz Philip und Königin Elisabeth II. mit einer Jastram-Einkaufstüte, und hinten steht, sie hätten plötzlich bemerkt, dass sie den ganzen Pafel bereits verkauft hätten, und da wären sie still verduftet. Ich lasse mich nur kurz lumpen, schreibe ein zierliches Briefchen nach Ulm und schließe mit einem pompösen PS:

»»Apporta unam Astram! / Roboro me ad Jastram‹, wie der Lateiner sagt, wenn er sich noch ein Bierchen genehmigt, um sich für den Gang zur Buchhandlung Jastram in der Schuhhausgasse 8 zu stärken.«

Eben gerade, 2013. Für 69 Cent ist die Kassenfee bei Budni wunderschön, heißt L. Cacciola und trägt künstliche Wimpern. Unter die künstlichen Wimpern ist spiegelverkehrt der Schatten der künstlichen Wimpern geschminkt, Wimper für Wimper. Dann gibt es noch gratis ein Röhrchen mit 20 Vitamin-C-Brausetabletten dazu. Mit, und das muss man sich mal vorstellen, Blutorangengeschmack.

NACHWORT
Annäherung an den Dichter

Was schöpfen Bienen, wenn Bären in der Nähe sind? Argwohn.

Was schöpfe ich, wenn *Pooh's Corner* in der *Zeit* gedruckt wird? Neuen Lese- und Lebensmut.

Was will ich damit sagen?

Dass hier ein Dichter spricht, dem ich mich verbunden fühle. Uns eint tiefes Misstrauen gegen Helmut Schmidt (frz.: le feldwébel) und Gérard Depardieu. Beide wünschen wir uns einen neuen deutschen Kaiser und halten den Katholizismus für eine sado-masochistische Spielart. Wir mögen keine breiten Schlipse, und das Wort DÜSSELDORF lässt uns das Blut in den Adern gefrieren.

Aber als Stalin starb, war Harry Rowohlt erst acht Jahre alt und ich schon zehn, das trennt uns und macht, dass wir die Welt unterschiedlich sehen und betreten: er trägt z.B. Sandalen (aus New York), ich verabscheue Sandalen; er liebt Hamburg, bei mir kommt Hamburg gleich nach DÜSSELDORF; er wurde als Kind in Gelsenkirchen zwischengelagert, ich in Essen, aber unser beider erster Bär hieß Fritz. Doch der größte Unterschied ist: Mein Vater hieß Karl Riegert, seiner Ernst Rowohlt. Ich wuchs an Tankstellen auf, Harry in Verlagen.

Benzin gegen Bücher – er hat gewonnen. Er hat, als der Kopf noch formbar war, die richtigen Sachen gelesen und die richtigen Gedanken gedacht, und er wuchs heran zu einem stattlichen, selbstbewusst und griesgrämig auftretenden Bären, ich hingegen ähnele eher Ferkel aus *Pu der Bär,* das in meiner Ausgabe auf Seite 77 erklärt: »Es ist sehr schwer, tapfer zu sein, wenn man zu den kleinen Tieren gehört.«

Harry Rowohlt gehört zu den großen Tieren, was Herz und Witz und Verstand und Trinkvolumen anbetrifft. Er kennt mehr Wörter als wir alle und kommt in seinen Kolumnen listig mit ganz wenigen aus, und wenn er selber über seinen Flann O'Brien und dessen aberwitzige Kolumnen schreibt:

»Diese Art Journalismus, der das Medium der seriösen Tageszeitung missbraucht, um hemmungslos hellsichtigen Schabernack zu treiben, hat es vorher und nachher nicht gegeben«, dann rufen wir: »Doch! Nachher!«, und wissen, wen wir meinen.

Herrgott, warum ist er nicht Reiseschriftsteller und erklärt uns die Welt? Wahrscheinlich ist er zu faul dazu, sitzt lieber zu Hause vor großen Krügen Bier(es) und übersetzt Buch um Buch, und man merkt es beim ersten Satz: Ah! das ist Harry! Zurückblättern, gucken: Ja, das ist dann immer Harry.

In Kuba nennt man ihn Henry Rowchet, in Irland Hakky Kowalsky, in der *Zeit* Pooh. Der echte Pooh – Winnie – hieß in Wirklichkeit Eduard Bär, nun ist die Verwirrung komplett, aber eben doch nicht, weil ein guter Autor laut Flann O'Brien »die Aufsplitterung der

Persönlichkeit in mehrere Abteile zum Zweck der literarischen Äußerung« braucht.

Schluss des Vorhergehenden.

Pu der Bär denkt lange nach, um dann das Nächstliegende und Einfachste zu sagen. Harry Rowohlt schätzt »sagen, was man denkt. Und vorher was gedacht haben.« Wenn Harry Rowohlt z. B. traurig ist über den Tod seines Bruders Heinrich Maria, und wenn er Siegfried Unselds Nachruf im *Spiegel* dazu liest, dann denkt er lange nach über den Satz »Wir wurden Freunde«, und am Ende schreibt er: »Hier irrt Unseld.« Schöner kann man es nicht sagen. Wir haben es bei Harry wie bei Pu mit Zen-Meistern zu tun.

Verdammt, Harry, du hast doch mal ein Kopfgeld auf Peter Boenisch (Sudel-Pepe) ausgesetzt. Ich hab dir damals sofort 10 Mark geschickt und nie wieder was von dir gehört. Sind die nicht angekommen, oder hast du sie versoffen?

Elke Heidenreich

AUFSÄTZE,
EIN INTERVIEW,
EIN FRAGEBOGEN

LOST IN TRANSLATION:
Wie ich mich einmal von einer Diplomarbeit
und einer Magisterarbeit umstellt sah

Ulrich Greiner ruft an. Er sagt: »Tag, Harry«, ich sage: »Alles klar, Boss. Bis wann?«, und dann darf er auch was sagen. »*Lost in translation*«, sage ich versonnen, »schön doppeldeutig. Einmal die Einbußen beim Übersetzen, dann aber auch das mäandrierend Peripatetische, das gleichsam Geworfensein zwischen loyalem und kompensatorischem Übersetzen. Aber das kann ich doch nie und nimmer so fundiert und unterhaltsam wie der große Dieter E. Zimmer.« – »Das ist mir klar«, grollt Greiner grob. »Schreib einfach hin, was du beim Übersetzen gerade erlebt hast, oder nimm was Altes, wenn es wieder hochblubbert. Over.«

Wenn man, wie ich, je einmal der Held einer Magister- und einer Diplomarbeit geworden ist, hat man zwei Möglichkeiten. Entweder man sagt sich: »Jetzt kommt eh nix mehr«, oder man fühlt sich umstellt.

Die Magisterarbeit stammt weder verwandt noch verschwägert von Sabine Kunzelmann und hat den Titel *Die unübersetzbare Eddie-Dickens-Trilogie von Philip Ardagh in der Übersetzung von Harry Rowohlt*, und in der Danksagung dankt mir Sabine Kunzelmann für meine Geduld. Die Diplomarbeit stammt von Livia Zoelly, hat den Titel: *Von Katzenschaukeln und Mäuseköteln. Eine deskriptive Analyse der übersetzerischen Freiheit in Harry*

Rowohlts Übersetzung von Philip Ardaghs Awful End, und in der Danksagung dankt mir Livia Zoelly für meine Geduld. (Nicht ohne Grund habe ich mal in einem Promi-Fragebogen die Frage nach meinen schlechten Eigenschaften mit »Geduld!!!« beantwortet.)

Die sechsbändige Eddie-Dickens-Trilogie ist the thinking kid's *Harry Potter*, und wenn ich gefragt werde, für welches Alter diese Kinderbücher gedacht seien, sage ich: »Wenn das Kind doof ist, ist es mit 65 immer noch zu jung.« Das Kind, das *Schlimmes Ende*, den 1. Band, schadlos überstanden hat, ist reif für *Finnegans Wake*, weil es aber schlau ist, liest es stattdessen die nächsten fünf Bände. Und ist danach noch ein bisschen schlauer. Den großen Erfolg der Eddie-Dickens-Bücher erkläre ich mir damit, dass man von sich auf andere schließt, weshalb die meisten Eltern ihre Kinder für bescheuert halten, was aber oft gar nicht stimmt bzw. noch nicht stimmt, und so nutzen die Kinder die Lücke im Schicksal, das Gelücke, von dem das schöne deutsche Wort Glück abstammt, und lesen ungestört realistische Romane, in denen sämtliche Erwachsenen einen Schwerstwischer haben und nur ein Kind, Eddie Dickens, den Durchblick behält. Das alles muss man sich nun aber unübersetzbar vorstellen, was natürlich dem Endverbraucher herzlich piepe ist.

Wenden wir uns nun Livia Zoellys Diplomarbeit zu. Wir könnten uns auch Sabine Kunzelmanns Magisterarbeit zuwenden, aber die habe ich verliehen.

»Die folgende unübersetzbare Stelle«, schreibt Livia Zoelly, »wurde von Rowohlt wieder mit eindrücklicher

Kreativität möglichst treu zum Autor übersetzt: *[The horse] had somehow broken free and, before Uncle Jack had had time to catch the startled creature, it had run in the words of a popular little ditty*«, und hier folgt Anmerkung 45: »*A popular ditty*: dt. ein leichtes Liedchen (Pons 2003). *Over the Hills and Far Away* ist ein traditionelles englisches Lied aus dem 18. Jahrhundert oder früher. (Wikipedia 2001, Eintrag *Over the Hills and Far Away* traditional)«, geht aber jetzt wieder weiter, »*over the hills and far away*.« / »[Das Pferd] hatte sich irgendwie losgerissen, und bevor Onkel Jack die Zeit gefunden hatte, das verstörte Geschöpf einzufangen, war es, wie es in Goethes erstem Mignon-Lied (in *Wilhelm Meisters Lehrjahre*) so sinnfällig heißt, dahin, dahin.«

Livia Zoelly indes wäre nicht Livia Zoelly, wenn sie es damit bewenden ließe. Für ein Bewenden wäre eine Diplomarbeit auch der falsche Ort. »Rowohlt behält«, schreibt sie vielmehr, »die Anspielung auf einen externen Text und sogar die Textsorte Lied bei, verwendet aber nicht die Worte eines bekannten Volksliedchens, sondern diejenigen aus einem Werk eines großen Dichters. Damit verändert er zwar den Bezug zur Leserschaft, da Kinder aus einer englischsprachigen Kultur mit dem Zitat vertraut sein dürften, deutschsprachige Kinder hingegen weniger mit einem Zitat von Goethe, die Abweichung war aber wohl unumgänglich, wenn dem Übersetzer kein Liedchen zur Verfügung stand, das an dieser Stelle dieselbe inhaltliche und appellative Aussage hätte übernehmen können.«

Und ich wäre nicht ich, wenn ich nicht hochzufrieden

damit wäre, dass es mir gelungen ist, eine appellative Aussage zu übernehmen. Viele grämen sich: »Wie gern würde ich eine appellative Aussage übernehmen, allein, es will und will mir nicht glücken.« Ich dagegen kann sagen: »Das kann doch so schwer nicht sein, wenn es selbst mir, wie soeben von Livia Zoelly beschrieben, gerät, Mann Gottes!«

DER HUND MEINES LEBENS

Einer inneren Gaja-Uhr folgend, ruft mich meine erste Liebe Petra alle zwölf Jahre besoffen an und quallt mir das linke Ohr voll, das linke, weil ich Linkstelefonierer bin. Wenn ich sie frage, warum sie mich nicht auch mal nüchtern anruft, quallt sie, das sei ihr leider unmöglich. Na, Hauptsache, sie quallt überhaupt.

Diesmal hat sie mir zwei Geschichten über Toxi erzählt. Toxi war der Hund meines Vaters, weil ihm unser Hausarzt Prof. Dr. Kurt Gröbe (Hamburger Spitzenkandidat der Deutschen Friedens-Union, des machtvollen linken Sammelbeckens, welches bei jeder Wahl verlässlich 1,2 bis 2,4 muntere Prozent einfuhr) nach seinem, meines Vaters, zweitem Herzinfarkt einen Hund verschrieben hatte, damit er zweimal täglich mit dem Hund rausmusste. Toxi war ein Deutscher Boxer, hieß eigentlich Erlo von der Kollau, ein Name, auf den er aber genauso wenig hörte wie Ulla Berkéwicz, wenn man »Fräulein Schmidt!« zu ihr sagt. Toxi war ursprünglich für den König von Nepal gezüchtet worden, der aber starb, und der Thronfolger sagte: »Was soll ich denn auf dem Dach der Welt mit einem Kurzhaarköter; der friert doch nur«, und bestellte ihn wieder ab. Da musste Toxi sein Geld wieder einspielen und wurde Schauspieler. In *Columbus entdeckt Krähwinkel* (1954;

Regie: Alexander Paal und Ulrich Erfurth, Buch: Axel von Ambesser, mit Charly Chaplin jr., Sidney Chaplin und Rudolf Platte; empfohlen ab 12) brillierte er als Hund, nachdem er zwei Jahre zuvor Elfie Fiegert, der Hauptdarstellerin von *Toxi*, einem Rührstück über ein farbiges Besatzungskind, offenbar als verknutschter Welpe so sehr die Schau gestohlen hatte, dass er wieder rausgeschrieben wurde, gleichwohl aber weiterhin auf »Toxi« reagierte – wie Pierre Brice auf »Winnetou!« und ich auf »Du Penner!«.

Dieser Toxi und ich, erzählte nun meine erste Liebe Petra, begleiteten sie – ich auf dem Fahrrad, Toxi stramm bei Felge – abends durch den Volksdorfer Wald, einen Streifen Mischforst im Hamburger Nordosten, auf halbem Wege trennten wir uns unter Küssen, Toxi und ich machten kehrt, Petra radelte weiter …

… und wurde am Waldesrand von drei Unholden auf Mopeds erwartet (Zündapp oder Kreidler-Florett, stelle ich mir mal vor), die sie umbringen oder Schlimmeres wollten. Petra schrie in höchster Not, nein, nicht: *Harry!!!*, sondern *Toxi!!!*, der Hund wendete auf einem Fünfmarkstück, jachterte an den Waldesrand, schlug mächtig Krawall und hielt sich nicht lange mit Wadenbeißen auf, sondern – Hunde denken ja glücklicherweise streng hierarchisch und haben sich ein gesundes Gefühl für Rangordnung bewahrt – ging sofort und ohne weiteres Trara dem Anführer an die Kehle. Die Unholde knatterten um ihr Leben, Petras Mädchenehre war gerettet, von Toxi fiel augenblicks aller Ingrimm ab, und er schlüpfte zurück in seine Rolle als

Charmeur und Schäker, als den wir ihn kannten und schätzten. Toxi hatte nämlich vor Jahren mehr schlecht als recht ein Wach- und Schutzhund-Diplom gemacht, ließ sich das im Privatleben aber nicht anmerken und brachte nur gelegentlich aus reinem, unverstelltem Rassismus einen Schäferhund um die Ecke. Ihre Frauen dagegen schwängerte er, was sehr hübsche Bastarde ergab, die aussahen wie auf florentinischen Gobelins. Ferner war er ein Meister des dramatischen heraldischen Gähnens, die Zunge wie ein junges Farnblatt ausgefahren, die Hinterläufe nachziehend; oft führte ihn ein vollständiger Gähnvorgang bis aus dem Zimmer, wo er, wenn er wieder zu sich kam, fragen musste: »Wo bin ich?«

Einmal buchte Petra ihn für die ganze Nacht. Ich hätte mich zwar naturwüchsig ebenfalls für den Job angeboten, aber Urlaub bis zum Wecken gab es von meiner Mutter höchstens für den Hund. Toxi sollte in Petras Zimmer schlafen, hatte aber vor lauter Beschützerei vergessen, im Wald kurz auszutreten, und versuchte nun, sie dezent zu wecken, indem er an ihrer Bettdecke zupfte und sich dachte: »Wenn sie zu tief schläft, habe ich selbst Schuld und muss bis dahin an was anderes denken.« Petra wachte auf, rief ihre Mutter: »Ich glaube, Toxi muss mal«, Petras Mutter ging mit Toxi vor die Tür, wo Toxi sich hinsetzte und Schluss. Denn Toxi dachte sich, und wenn er Petras Mutter besser gekannt hätte, hätte er es ihr gesagt: »Ich löse mich doch nicht in Gesellschaft einer wildfremden Dame aus den verlorenen deutschen Ostgebieten.« Aber wenn er sie besser gekannt hätte, wäre sie nicht mehr wildfremd gewesen, schon klar.

Und wenn ich heute einem Boxer begegne, unterbricht der das, was er gerade macht, und sieht mich unmissverständlich so an: »Sagen Sie mal, *kennen* wir uns nicht? Kann durchaus ein paar Reinkarnatiönchen her sein ...«

IRLAND, MIT DEN AUGEN VON FLANN O'BRIEN GESEHEN

Plötzlich ist sie wieder da: Frau Wie-hieß-sie-noch aus der Kreditorenbuchhaltung. Sie war wunderschön, hatte einen durchsichtigen Teint, ganz lange weiß blonde Haare und dazu Augen, die so blau waren, dass sie fast lila wirkten. Auf den zweiten Blick sah man dann, dass sie nur 1,35 m groß war und einen Buckel hatte. »Gut, dass ich Sie treffe«, sagte sie zu mir, als wir uns auf der Straße trafen, »bevor wir umziehen. Ich hab doch meinen Mann auf einem Ball des Vereins Klein-wüchsiger Menschen kennengelernt, und als wir end-lich unsere Hochzeitsreise machen wollten, sagte ich: ›Der Herr Rowohlt, unser Lehrling, schwärmt immer so von Irland‹, und da sind wir einfach mal hingefahren. In Irland war es dann so wunderschön, niemand hat uns angestarrt, niemand hat an uns vorbeigestarrt, niemand hat so getan, als wären wir gar keine Zwerge, wir waren zum ersten Mal in unserem Leben richtige Menschen, und wir waren so glücklich, dass ich vergessen habe, die Pille zu nehmen. Wir hatten natürlich furchtbare Angst, aber stellen Sie sich vor: Unser Sohn ist ganz normal gewachsen. Mein Mann und ich haben schon Arbeit gefunden, in der EDV, der Junge heißt Patrick, und übermorgen wandern wir aus, nach Cork.«

Dass ich schon damals so von Irland schwärmte, liegt

an Flann O'Brien; dass der Eindruck entstehen konnte, ich hätte überhaupt jemals für etwas geschwärmt, liegt an Frau Wie-hieß-sie-noch aus der Kreditorenbuchhaltung, und allmählich erkennen wir, dass Literatur etwas bewegen kann. Ob Flann O'Brien, dem Menschenfeind, dies Happy End, dies frohe Beginnen recht gewesen wäre, weiß ich nicht. Natürlich wäre es ihm recht gewesen. Mehr noch: Es wäre ihm wurscht gewesen. Und Patrick hieß damals auch noch nicht jeder x-beliebige Florian.

Wenn man, wie ich, zur Bequemlichkeit neigt, findet man die Aussicht, einen Artikel über »Irland, gesehen mit den Augen von Flann O'Brien« schreiben zu sollen, natürlich verlockend. Das ist fast so schön wie »Frankreich, gesehen mit den Augen (bzw. mit dem Auge) von Jean-Paul Sartre« oder »Südkalifornien, gesehen mit den Augen von Alfred Polgar«, denn diese Herren haben sich kaum je aus ihren Kneipen bzw. Cafés bzw. Hotelhallen herausbewegt. Es genügte ihnen, wenn sie anderes bewegten. *(Es genügte ihnen, wenn sie anderes bewegten:* So wird's gemacht. *Creative Writing,* 2. Trimester. Schon toll, oder?) »Irland, gesehen mit den Augen von Flann O'Brien? Schnapsidee. Der hat sich doch kaum je aus seiner Kneipe herausbewegt«, wird mir, als wüsste ich das alles nicht längst, immer wieder entgegengehalten. »Der wahnsinnige Sweeny – der ist ganz schön herumgekommen, aber Flann O'Brien … Kannste vergessen.«

»Erstens ist der wahnsinnige Sweeny Flann O'Briens Kopf entsprungen, und zweitens hatte Flann O'Brien ein Auto«, sage ich trotzig.

»Der alte Suffkopp hatte ein Auto? Erzähl mal.«

Und wieder versickert eine Informationsquelle. Ich habe es satt. So ist es immer. Anstatt mir etwas zu erzählen, wollen sich die Iren etwas von mir erzählen lassen. Völlig leergequatscht fasse ich am vorletzten Tag einen Entschluss. Nie wieder werde ich jemandem von Flann O'Brien erzählen. Wer etwas über Flann O'Brien erfahren will, soll gefälligst die Biographie von Anne Clissmann lesen. (»Ich hätte nie gedacht, dass jemand das Buch kauft«, sagte Anne zu mir, »aber jetzt ist es so vergriffen wie Hühnerzähne.«) Oder die soeben erschienene Biographie von Anthony Cronin, *No Laughing Matter*. (Über dieses Buch urteilte die *Irish Times*, für die Flann O'Brien einst seine legendäre Kolumne *Cruiskeen Lawn* geschrieben hat: »Mancher Leser mag sich nach der Lektüre vorkommen wie Laurence Sterne nach seiner Hochzeitsnacht, als er die Kanzel besteigen musste und für seine Predigt die Bibelstelle *Wir plagten uns die ganze Nacht, doch es fruchtete uns nicht* vorfand.«) »Anthony Cronin?« Drei deutsche Gewährsleute nickten unabhängig voneinander mit ihren dicken Köpfen: »Das ist doch der Sohn von A. J. Cronin.« So hat man schnell gezeigt, dass man (a) schon mal den Namen Cronin gehört und (b) keinen Schimmer hat. Hauptsache, es passt alles irgendwie ein bisschen zueinander. Wie soll denn wohl ein britischer Bestsellerautor einen irischen Dichter zeugen? Das ist doch widernatürlich.

Will vielleicht doch jemand wissen, wer Anthony Cronins Vater war? Nein? Ich erzähle es trotzdem. Anthony Cronins Vater war Reporter beim *Enniscorthy Echo*, und von der Osterrebellion 1916, ohne die es Irland nicht gäbe, erfuhr er, als er mit einer brandheißen Story in die Redaktion geradelt kam und sich wunderte, warum die Büros so menschenleer waren. Alle Kollegen waren interniert, nur er nicht. Da wurde er Buchhalter in einer Anwaltskanzlei.

So viel zu Anthony Cronins Vater. Irland, mit den Augen von Anthony Cronins Vater übersehen.

Wasser des schönen Glen Bolcain,
deinen Vogelhorden zu lauschen,
deinen wohlklingenden Strömen, den niemals trägen,
deinen Inseln, deinen Flüssen.

Der wahnsinnige Sweeny hat nämlich einst, weil dessen Morgengeläut ihn erzürnte, einem Dominikaner den Schädel gespalten und wurde daraufhin verflucht. (»Dafür hätte er keinen Fluch verdient, sondern einen Orden«, sagen alle, denen ich von Sweenys Irrfahrten berichte.) Verflucht wurde er, auf dass er Irland die Kreuz und die Quer bereise, und zwar wie ein Vogel, von Ast zu Ast, ohne je den Boden zu berühren. Ferner wurde ihm die Gabe der prosaischen Rede entzogen, so dass er nur noch in freien Rhythmen zu sprechen imstande war. Und immer, wenn er sein Elend in Verse kleidete, sprach er von seiner Sehnsucht nach der Schlucht von Bolcain.

Der Glen Bolcain soll in der Nähe der Ortschaft Skreen sein, in der Grafschaft Sligo. Der Ortsname, Skreen, deutet auf das irisch-gälische *scrín* hin, das heißt »Schrein«. Schon mal nicht schlecht. Die Ortschaft besteht aus zwei Kneipen, einer Kirche und einem großen Friedhof. Die Fußballmannschaft von Skreen ist nach einem Heiligen benannt, von dem man nichts mehr weiß, außer dass die Fußballmannschaft von Skreen nach ihm benannt ist. Nach ausgiebigen Recherchen in beiden Kneipen beschließe ich, den Pfarrer zu fragen. Ich habe mich inzwischen zum Schrecken der Pfarrhäuser entwickelt und weiß zum Beispiel, dass ich, wenn mir eine Dame öffnet, nicht sage: »Ich würde gern mit Ihrem Mann sprechen.« Die schmucke Haushälterin öffnet mir und sagt, Hochwürden würde nicht vor spätabends zurückerwartet. Ich frage: »Gibt es denn hier niemanden, der alles weiß?« »Menschen, die alles wissen«, sagt sie fröhlich, »gibt es gottlob gar nicht. Außer auf der Post.«

In einem *Bed & Breakfast* frühstücke ich mit zwei alten Damen. Eine hat Flann O'Brien noch persönlich gekannt. »Na ja, gekannt ist zuviel gesagt, aber mein Mann hat mit ihm zusammen beim Zoll gearbeitet. Brian O'Nolan – denn so hieß er in Wirklichkeit, aber das wissen Sie ja selbst – ließ sich morgens kurz auf dem Amt sehen und ging dann zum Arbeiten über die Liffey in eine seiner Stammkneipen. Alle zwei Stunden kam ein Bürobote, um frische Akten zu bringen und erledigte Akten abzuholen. Nachmittags, nach getaner Arbeit, verließ er die Kneipe und begab sich unendlich vorsichtig mit *three o'clock list* (Drei-Uhr-Schräglage) in die nächste. Dort habe ich ihn eines Abends gesehen. Er stand am Tresen und starrte vor sich hin. Mein Mann sagte: ›Sprich ihn um Gottes willen nicht an, aber das ist Brian O'Nolan, Irlands größter lebender Schriftsteller. Dass er das ist, weiß nur er allein, und deshalb sprich ihn um Gottes willen nicht an.‹«

Ich sage, dass ich Swim-Two-Birds finden möchte, die Insel im Shannon, die O'Briens Hauptwerk, *In Schwimmen-zwei-Vögel,* den Namen gegeben hat. »Wenn man genau weiß, wo man sie suchen muss, kann man sie gar nicht verfehlen«, sagt sie. »Vom alten Kloster Clonmacnoise aus kann man sie sehen. Das war noch eine schöne Religion damals«, fährt sie nach verträumter Pause fort, »das vor-katholische Christentum. Man konnte sich scheiden lassen, wann und von wem man wollte.«

Eine muntere Morgensendung im Radio. Die Hörer werden gebeten zu erzählen, womit sie den Tag begonnen haben. Ein Mann ruft an und berichtet überglücklich, er habe sich ein Grab gekauft: »Fast neu. Der vorher hat nur zwölf Jahre drin gelegen. Und auf dem

Grabstein stehen nur drei Zeilen. Ich könnt mich praktisch sofort reinlegen.« Gefragt, wie alt er sei, sagt der
Mann mit dem Schnäppchen: »Achtunddreißig.«

❖

Das Kloster Clonmacnoise. Schon toll, dochdoch. Als
das übrige Europa in den finsteren Zeitaltern vor sich
hin sumpfte, war hier eine christliche Universität mit
bis zu 3000 Studenten. Nicht insgesamt und hinterei-
nanderweg, sondern jeweils am Stück. Und die lebten
von dem, was sie selbst anbauten. Und das vor Erfin-
dung der Kartoffel.

Nur zum heiligen Lehrkörper hätte ich nie gehören mögen. Man kommt, ganz leicht angeheitert, nach
Hause und geht auf der Suche nach der Haustür immer
um den Rundturm herum. Dann fällt einem ein: »Verdammt, ich bin ja ein heiliger Mann; ich wohne ja in
zweieinhalb Meter Höhe.« Und dann muss man sich
von ein paar Studis hochhieven lassen, weil ein Witz-
bold einen Knoten in die Strickleiter gemacht hat.

Michael und Maria, die das *Bed & Breakfast* leiten,
sagen, wenn ich jemanden suche, der alles weiß, soll
ich mich an Daniel-den-Dorfschmied wenden. Michael beschreibt, wie ich hinkomme, »an einer modernen Kirche in grauenhaftem Grün vorbei«, und
als ich an der Kirche vorbeikomme – modern ist sie
nicht, aber das Grün ist grauenhaft –, weiß ich: Heute
ist mein Tag, heute finde ich alles. Maria besteht darauf, dass ich *wellies* mitnehme. *Wellies* sind *Wellingtons,*

und *Wellingtons* sind Gummistiefel. Das mir, dem alten Ex-Hippie. Wozu habe ich schließlich meine New Yorker Maßsandalen.

Daniel Edwards, der Dorfschmied, ist Grob- und Kunstschmied, Denker und Chronist. Manche halten ihn für einen Spinner; bei denen heißt er Danny. Manche bewundern ihn; bei denen heißt er Daniel. Die meisten wissen nicht so recht, was sie von ihm halten sollen; bei denen heißt er Dan.

»Ist Ihnen in Clonmacnoise der flache Stein mit den beiden Dellen aufgefallen?«, fragt er mich. »Ja«, lüge ich. »Da ist einst die Kuh von St. Ciáran, dem Gründer von Clonmacnoise, zusammengebrochen. Das Regenwasser, das sich in den Dellen sammelt, ist gut gegen Kopfschmerzen und Warzen. Nur kochen kann man nicht damit, weil es nie den Siedepunkt erreicht.« Ich nehme mir vor, das später mal zu überprüfen. Hab's aber vergessen. Muss also noch mal hin.

Daniel setzt sich an seinen Küchentisch, reißt mit seinen hornigen Händen ein Blatt aus einem Schulheft und schreibt mir die Legende von *Schwimmen-zwei-Vögel* auf. Es gab da zwei Liebende. Sie war leider anderweitig verheiratet, hatte aber die Gabe, sich nach Belieben in einen Vogel zu verwandeln, dessen Gesang jeden Menschen, der ihn hörte, in tiefen Schlaf versinken ließ. Das nützte ihr nur nicht viel bei ihrem Geliebten, denn immer, wenn sie sich verwandelt hatte und ihn anschilpte, fing er an zu pennen. Auch sonst brachte es nichts, ob sie ihn nun anpfiff oder nicht, denn sie war ein Vogel, und er blieb ein Mensch. Da bat sie eine Fee, sie möge ihr die Gabe des einschläfernden Gesanges nehmen und ihrem Liebsten dafür die Gabe geben, sich in einen Vogel verwandeln zu können. Das brachte es nun voll, aber ihr Mann hatte Verdacht geschöpft: Ständig war seine Frau weg, und zwar wie vom Erdboden verschluckt. (Dass sie vorher schon ständig gefehlt hatte, wusste er nicht, weil er das ja immer verschlafen hatte.) Da steckte ihm ein Druide, der auf die Künste der Fee neidisch war, was es mit dem plötzlichen Verschwinden seiner Frau auf sich hatte, und der Mann nahm, als er zwei Vögel sah, die einander herzlich lieb hatten, seine Schleuder, hob einen Stein auf und erledigte sie alle beide, woher die Redensart *to kill two birds with one stone* stammt, was auf Deutsch *zwei Fliegen mit einer Klappe schlagen* heißt. Die Frau aber, schwer verletzt, floh noch ein gutes Stück stromaufwärts, bis sie an eine Furt (irisch *áth*) kam, die einem Häuptling namens Luan gehörte. Dort starb sie, und dort steht heute noch die stolze Stadt Athlone. Ihren Liebsten aber trieb es den Shannon hinab, hinaus ins offene Meer.

Dan liest mir vor, was er geschrieben hat, und sieht mich undurchdringlich an. Ich glaube, Dannys Herz blutet, wenn er an die beiden unglücklich Liebenden denkt, während Daniel findet: »Geschieht ihnen ganz recht, den beiden komischen Vögeln.«

❖

Der Wirt von »Killeen's« in Shannonbridge hat eine alte Schiffskarte gefunden, auf der Swim-two-Birds verzeichnet ist. Auf den meisten Karten ist das Inselchen nämlich nicht eingetragen, weil es, von Devinish Island fast verdeckt, für die Flussschiffer eine *quantité négligeable* darstellt. Der Wirt hat nicht nur eine Schiffskarte, er hat auch Liam entdeckt, und Liam hat ein Boot. Liam hat auch einen Nachbarn, und der hat ein Auto, aber auf den Nachbarn müssen wir noch warten. »Wann kommt der denn?« Der ist schon da, aber er muss erst austrinken. Einen Mietwagen habe ich selber; insofern brauchten wir auf den Nachbarn gar nicht zu warten, aber Liam und ich setzen uns zum Nachbarn, um abzuwarten, dass der Nachbar ausgetrunken hat, woraufhin der Nachbar wartet, bis Liam und ich ausgetrunken haben. Irgendwann haben wir Tritt gefasst und den richtigen Rhythmus gefunden, niemand wartet mehr auf keinen, Mary O., die Attraktion des Abends, stimmt ihre Geige, und so ein kleines Inselchen läuft einem ja nicht weg. Und selbst wenn: Weit kann es nicht kommen; wir holen es jederzeit ein, Liam mit dem Boot, der Nachbar und ich mit dem Auto und Mary O. auf der Geige.

Mary O. sieht aus wie eine pensionierte Lehrerin, die gerade vom Friseur kommt, und es stellt sich heraus, dass Mary O. eine pensionierte Lehrerin ist, die frisch vom Friseur kommt. Bei »Killeen's« ist nämlich jeden Abend Live-Musik, und wenn die Kneipe als solche voll ist, dehnt man sich in den angrenzenden Gemischtwarenladen aus, wo man zwischen Persil,

Bonsches und Papierkragen für liebe Verstorbene vom guten Bitteren zischen kann. Gegenüber von »Killeen's« ist ein Modesalon, Moran's Fashions, und wenn man sich nicht so recht entscheiden mag, ob man nun das duftige rote Sommer-Complet nehmen soll, kann man immer noch Angelhaken und Köder kaufen. Das beste Speiseeis dagegen, aber das ist Geschmackssache, gibt es auf der Post.

Am nächsten Morgen warten Liams Nachbar und ich auf Liam, und dann fahren wir dorthin, wo Liam sein Boot hat.

Wir rudern hinüber, so einfach ist das, hinüber nach Schwimmen-zwei-Vögel oder Swim-two-Birds oder Snámh-da-En. Mit aufgekrempelter Hose und barfuß, wie sich das gehört, gehe ich an Land: ein mythischer Ort, der noch dazu den Vorteil hat, dass es ihn wirklich gibt. So winzig das Inselchen ist, das meinem Lieblingsbuch den Namen gab, so ist es doch nicht winzig genug, um nicht einem noch winzigeren Teich Platz zu bieten. Der Teich wird von einem Barsch bewohnt; der zeigt sich kurz, um mich zu begrüßen und vor einem heraufziehenden Gewitter zu warnen. Es blitzt wie bestellt und abgeholt, dann donnert es, und die beiden Helden drängen zum Aufbruch. »Ich will hierbleiben«, maule ich. »Ein Gewitter auf Swim-two-Birds … Das erfordert schon meine journalistische Sorgfaltspflicht.« »Du hast ja nicht mal *wellies* an«, meinen Liam und der Nachbar, und ich hebe noch schnell einen schönen schwarzen Stein auf, zum Beweis: *Ich war auf Swim-two-Birds!*

Bei »Killeen's« zeige ich meinen Beweis herum sowie, für Ungläubige, auch noch meine matschigen Füße, weithin sichtbar für den, der Augen hat zu sehen, in meinen New Yorker Maßsandalen.

Maria ist entsetzt: »Warum haben Sie die *wellies* nicht angezogen?« Michael nimmt mich in Schutz: »Lass ihn, Maria; ein Mann muss seinen Weg gehen.«

Ich will aber nicht. Ich will in Shannonbridge bleiben, irgendwo als Nachbar von Liams Nachbar. Und ich würde auch jeden Morgen brav zum Einkaufen fahren. Bei »Killeen's«.

(Nacherzählung eines Liedes, im Autoradio gehört: *Jock goes to Stuttgart*)

Wir sind nach Stuttgart gefahren, zur Fußball-EM, um unserer Mannschaft beizustehen, wenn sie gegen England verliert. Die meisten von uns waren noch nie in Übersee, und es war alles sehr aufregend. Jock hat eine Tochter vom Rhein kennengelernt und gesagt: »Wenn Sie mal nach Ballythread kommen, sind Sie immer willkommen.« Wir anderen saßen zu zwölft auf einem Hotelzimmer, haben uns besoffen aus Angst vor dem morgigen Spiel, und wir wurden immer zänkischer. Eine richtige Schlägerei gab es nicht, aber es hat nicht viel gefehlt. Am nächsten Morgen dann verkatert und verschwiemelt zum Stadion; es würde, ja, es musste alles ganz furchtbar enden. Doch als wir im Stadion das Meer von Union Jacks sahen, war aller Zwist

vergessen, und wir brüllten: »*Revenge for Skibbereen.*«
Dann geschah das Wunder, und wir haben gewonnen.
Ein paar Monate später erschien bei Jock in Ballythread
die Tochter vom Rhein und fragte, ob sie immer noch
willkommen sei. Da hatten wir dann doppelt gewonnen. *Que será, será …*

(Der italienische Schluss, *was sein wird, wird sein,* be-
zieht sich offenbar auf die WM in Rom, aber wohl
nicht nur.)

❖

The Dublin Literary Pub Crawl, die dubliner literarische Kneipenbekriechung, beginnt abends um Viertel
vor acht in »The Abbey Mooney« und berührt »The
Horse & Tram«, »The Palace«, »Mulligan's«, »The Stag's
Head«, »McDaid's« und »Doheney & Nesbitt's« (Ände-
rungen vorbehalten, aber sowieso).

Plötzlich treten aus dem Dunkel Gestalten auf und
führen einen Dialog vor, oder aus der Menge der Trin-
kenden löst sich ein Individuum und rezitiert etwas
Hymnisches, und dann muss oder darf man raten, von
wem es ist. Man sollte es aber erst mal für sich behalten,
denn zum Schluss kann man etwas gewinnen. »Gewin-
ner wird nicht der- oder diejenige mit der umfassends-
ten literarischen Bildung sein«, betont unser Führer,
»sondern die- oder derjenige mit der lautesten Stimme
und den geringsten Hemmungen.« Es gibt keine zweiten und dritten Preise, nur einen ersten: eine Flasche
Sahnelikör.

Ich beginne, mich mit anderen Augen zu sehen, denn ich weiß alles. Und werde mich hüten, die Fragen und Antworten zu verraten. Dann werden sie vielleicht geändert, und beim nächsten Mal weiß ich nicht mehr alles.

Zum Schluss steht kein eindeutiger Sieger fest. »Eine Zusatzfrage«, sagt der Führer, »und zwar vorsichtshalber eine ganz schwere. An welchem Tag erschien *At Swim-two-Birds* von Flann O'Brien zum ersten Mal?« »Am 13. März 1939«, tuschle ich einer Dame aus Neuseeland zu, denn was, bitte, *was* soll ich mit einer Flasche Sahnelikör?

Als *The Dublin Literary Pub Crawl* zum ersten Mal stattfand, wussten fünf Leute alle Antworten. Drei davon waren Passanten.

❖

Eigentlich gebe ich Bettlern ja lieber was, wenn sie ein bisschen dafür bieten, auf der Geige kratzen oder so. Vor einem Supermarkt in Tullamore kommt ein Mann auf mich zu, gibt mir die Hand und sagt: »Guten Tag, ich heiße Sean O'Rourke. Ich möchte gern etwas trinken.« Er zeigt, wie viele Münzen er bereits in der Linken angespart hat. Ich stocke den Betrag auf, und Sean O'Rourke begibt sich – »*Have a pleasant day, sorr*« – in »O'Shaughnessy's Bar & Lounge«.

Im Supermarkt tanzt ein kleines Mädchen selbstvergessen und sehr fachmännisch zur FuMu, zur Funktionellen Musik, durch die endlos weiten Gänge. Ich weiß beim besten Willen nicht mehr, was ich einkaufen wollte, und begebe mich in »O'Shaughnessy's Bar & Lounge«.

❖

Moore Street Market, Dublin. Die Luft ist von Gesang erfüllt: »*Two cigarette lighters for one pound.*« Kinder, Frauen, Männer, jedes hat seine eigene Melodie: »*Two cigarette lighters for one pound.*« Ich weiß nicht, welche Vertonung die schönste ist. Dass der Text überall derselbe ist, macht die Entscheidung nicht leichter: »*Two cigarette lighters for one pound.*« Schließlich kaufe ich hastig einem heiseren Zehnjährigen zwei Feuerzeuge für ein Pfund ab und verziehe mich in eine Kneipe, die so schäbig ist, dass sie nicht mal einen Namen hat. Von draußen dringt eine kehlige Altstimme herein: »*Two cigarette lighters for one pound.*« Die wär's gewesen. Aber egal.

Mein Nebenmann links am Tresen hat in mir ein neues Gesicht erkannt und beginnt, auf Michael Collins, den Revolutionshelden, zu schimpfen. Ich denk, ich hör nicht recht: »Nicht *ein*mal erschießen sollen hätte man dieses Schwein, sondern mindestens siebenmal. Oder bist du aus Cork? Dann hab ich nix gesagt.« Er nimmt mir eine Zigarette ab und sucht nach Streichhölzern. Ich schenke ihm ein Feuerzeug für ein halbes Pfund.

❖

Ralf Sotscheck, der *taz*-Korrespondent in Dublin, hat Glück gehabt und ist mit Áina verheiratet, einer Irin, wie der Name schon sagt, und bei all diesem Glück ist die Benutzung eines Schwiegervaters inbegriffen.

Der Schwiegervater, erzählt Ralf, hat 1939 mit einem IRA-Kommando die Kaserne Curragh Camp bis auf die letzte Patrone leergeräumt. Und zwar wie? Mit einem Kuchen, wie sonst. Zwei IRA-Kameraden haben sich mit dem Kuchen vors Kasernentor gestellt und *Happy birthday to you* ... gesungen, und die beiden Wachposten haben sich angekuckt und gesagt: »Ich hab gar keinen Geburtstag ... Hast *du* Geburtstag? Na, kommt erst mal rein.« Und damit waren sie drin und haben abgeräumt: Waffen, Munition, Sprengstoff, alles, und in aller Bierruhe auf Lastwagen verladen, und keiner wurde geschnappt. Nur der Schwiegervater und ein Passant. Der Schwiegervater, weil er den Rückzug decken sollte, und der Passant, weil er zufällig vorbeikam. Dreißig Jahre haben die beiden gekriegt, der Schwiegervater und der Passant, und nach sieben Jahren sind sie begnadigt worden. Der Passant ist heute noch muffig, wenn die Rede auf die IRA kommt. Dann fährt ihm der Schwiegervater übers Maul und sagt: »Hab dich nicht so. Du bist doch begnadigt worden.«

In Dublin ist die Dublin Horse Show. Weit und breit kein *Bed & Breakfast,* alle Hotels sind belegt. »Es gibt nur noch ein Zimmer in Barry's Hotel, aber das ist, glaub ich, nicht sehr gut und in einer ziemlich schlimmen Gegend.« Nicht sehr gut? Da kennt ihr mich schlecht. Nicht sehr gute sind meine Lieblingshotels.

Barry's Hotel und ich sind füreinander bestimmt; das sehe ich gleich. Unten im Ballsaal, festliche Kleidung dringend anempfohlen, läuft der alljährliche Benefizschwof der Dubliner Krankenschwestern, mit deutlichem Damen-Überhang. Als *resident* würde ich auch ohne Schlips reingelassen, wenn ich meinen Beobachterstatus wahre. Man stelle sich diese Kulanz vor: Ich brauche mich nicht zu verkleiden und, als wäre das noch nicht schön genug, brauche ich auch nicht zu tanzen. Ich wäre schon für eine der beiden Vergünstigungen dankbar gewesen. Ein kurzer, wehmütiger Blick ins Getümmel. Jaaa, da sind sie, die Prinzessinnen, die ich immer auf den Fotos vor den Fotografenläden bewundert habe, die stämmigen, urgesunden Bewerberinnen um den Titel der Miss Unterbiss, deren Make-up sich auf etwas Wimperntusche und einige Tupfer Aknederm in der Mundwinkel- und Kinnpartie beschränkt.

Aber ich muss weiter. Ein Mann muss seinen Weg gehen. Ich habe die Sotschecks dazu überredet, mich in die »International Bar« zu begleiten, wo jede Woche einmal die »One-Eyed Rattlers« spielen, eine meiner fünf Lieblingskapellen. (*One-eyed rattlers* sind einäugige Klapperschlangen, und das wiederum heißt bei Tucholsky »der böse Hosenwurm«. Ich kann nichts dafür. Ich referiere das nur.) Die »Rattlers« spielen Bluegrass, Country, Rock und wonach ihnen gerade der Sinn steht. Wenn man sie sehr bittet, spielen sie *Honky Tonk*

Woman in der Version der Rolling Stones, und wenn
Mick Jagger je gesehen hätte, wie hundsgemein er da
parodiert wird, hätte er sich längst aus dem Geschäft zurückgezogen. An Tagen, an denen die »Rattlers« nicht
spielen, gibt es andere Gruppen oder literarische Klein-
kunst, aber das macht weniger Spaß, weil nicht so ein
Gedränge ist.

Der nächste Abend, die letzte Nacht. Ich bin mit
meinem alten Kampfgefährten Joe O'Bruadair ver-
abredet, weshalb ich mir entgehen lassen muss, wie
in Barry's Hotel die … ALL-STAR COUNTRY
NIGHT … 2 BANDS! … abgeht. Dafür hätte ich mir
sogar einen Schlips umgebunden.

Morgens, beim Auschecken und viel zu spät, sehe
ich, was in der Rezeption an dem Haken hängt, an den
mein Zimmerschlüssel gehört: ein grauer Schlips, dezent gemustert. Ich bin den Tränen nahe.

Ein kleiner Junge kommt auf mich zu, sagt »Mo-
Mää, Mo-Mää«, deutet ins Weite und trampelt mit den
Füßen. Ich verstehe kein Wort, und aus der Bar eilt der
geplagte Vater, der sich gerade einen Frühstückswhiskey
genehmigt hatte. »Mo-Mää«, erläutert er, »heißt *door-
man*. Er glaubt, Sie seien der Portier, und nun sollen Sie
ihm entweder irgendeine Tür aufmachen oder doch wenigstens ein bisschen was vortanzen. Und wenn ich an
Ihrer Stelle wäre«, fügt er hinzu, »würde ich ihm seine
Wünsche erfüllen. Er ist nämlich im gefährlichen Alter.«

»Im gefährlichen Alter?«

»Ja, sein Kopf ist jetzt genau in der Höhe, dass er ihn
einem erbarmungslos in die Eier rammt.«

In der Hotelhalle rufe ich Anne Clissmann an. »Ich bin ja so neidisch«, sagt sie, als sie erfährt, dass mir die Schwimmen-zwei-Vögel-Erstbesteigung gelungen ist. »Und hast du genug Material für deinen Flann-O'Brien-Artikel gefunden?«

»Viel zuviel.«

»Dann schreib über was anderes. Gott segne dich, Harry.«

»Gott segne dich, Anne.«

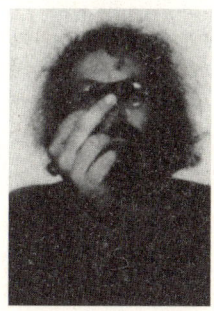

Harry Rowohlt und sein Beweis
Der Stein von dem Inselchen Swim-two-Birds

»TYPISCH, 'NE FÜNF IN MATHE«

Ein Spiegel-Gespräch mit Harry Rowohlt über das Erben, das Trinken und die irische Literatur

SPIEGEL: Herr Rowohlt, wie entstand ihre Vorliebe für irische Literatur?

ROWOHLT: 1966 habe ich zum ersten Mal *At Swim-Two-Birds* von Flann O'Brien in der deutschen Übersetzung von Frau Dr. Lore Fiedler gelesen und war danach für die Gegenwartsliteratur verloren. Das meiste, was ich danach noch las, stand schon in diesem Buch, und zwar schöner.

SPIEGEL: Sie haben aber in jungen Jahren nicht nur Irisches gelesen?

ROWOHLT: Ich habe alles gelesen, was mir vor die Augen kam. Meistens heimlich, weil ich ein schlechter Schüler war und eigentlich Schularbeiten machen sollte. Das muss man sich mal vorstellen: In einem Verlegerhaushalt musste man heimlich Weltliteratur lesen!

SPIEGEL: Ihr Vater war der Verlagsgründer Ernst Rowohlt. Und der hat bei ihnen das Lesen nicht gefördert?

ROWOHLT: Nein, überhaupt nicht.

SPIEGEL: Dabei gab es ja wohl genug Bücher daheim.

ROWOHLT: Eben! Man kann so was nicht verbieten und gleichzeitig Regale um Regale voller Bücher haben. *Unter dem Milchwald* von Dylan Thomas fällt mir dabei ein. Das durfte ich auch nicht lesen, weil mein Vater es schweinisch fand. Ich habe es natürlich doch gelesen, und mein Vater sagte: »Typisch. 'ne Fünf in Mathe, aber Mischwald lesen.«

SPIEGEL: Sie werden immer wieder mit dem Satz zitiert: »Rowohlt heißen ist Scheiße.« Haben Sie das wirklich gesagt?

ROWOHLT: Nein, aber ich erklär's Ihnen: Der *stern* machte eine Serie über Erben. Ich hatte zwar nichts geerbt und werde auch nicht viel erben, aber ich habe gleich professionell gefragt, ob man dafür Informationshonorar kriegt, und da hat man mir gesagt: »1000 Mark«. 1000 Mark hatte ich noch nie besessen, woran die eigentlich schon hätten merken können, dass ich gar nichts in der Serie zu suchen hatte. Es erschien ein ziemlicher Stuss im *stern*, und das fand ich auch nicht weiter schlimm. Ich hatte meine 1000 Mark, und die beiden Kollegen vom *stern* waren ohnehin so schnell abgefüllt gewesen, dass sie nicht viel von dem Interview mitgekriegt haben dürften. Wenn ich Heiner Goebbels wäre, könnte ich sagen: »Goebbels heißen ist Scheiße«, aber »Rowohlt heißen ist Scheiße« kann ich gar nicht gesagt haben.

SPIEGEL: Ist also hiermit dementiert. Aber wieso sind Sie kein Millionenerbe?

ROWOHLT: Weil man als Buchverleger keine Millionen scheffelt und deshalb auch keine vererben kann. Es wurde damals nötig, den Rowohlt Verlag an die Holtzbrinck-Gruppe zu verkaufen – unter anderem wegen finanzieller Schwierigkeiten –, und da habe ich die 49 Prozent, die mir gehörten, verkauft. Meinem Bruder gehörten damals 51 Prozent. Aber geerbt hatte ich nur die Anteile, nicht den Nießbrauch, den hatte meine Mutter geerbt. Seitdem stehe ich im Ruf, Millionär zu sein, und meine arme Mutter hat den Ärger mit der Kohle.

SPIEGEL: Und Sie hätten den Verlag nicht übernehmen wollen?

ROWOHLT: Möchten Sie etwa irgendwo arbeiten, wo Sie nicht kündigen können?

SPIEGEL: Hmm.

ROWOHLT: Ich war Lehrling bei Suhrkamp/Insel gewesen, und das war für mich eine wunderschöne, lehrreiche Zeit. Danach ging ich als Volontär zu Rowohlt und kam mir vor wie im Straflager.

SPIEGEL: Da war ihr Vater nicht mehr am Leben. Lag es an Ihrem Bruder Heinrich Maria Ledig-Rowohlt?

ROWOHLT: Der hatte mit dem Betriebsklima relativ wenig zu tun. Ich habe ihn sehr geliebt, aber dass er sich übermäßig für Menschen interessierte, kann man nicht sagen. Er hatte zum Beispiel eine Sekretärin, die wiederum zwei Sekretärinnen hatte, und an die eine der beiden Sekretärinnen seiner Sekretärin konnte er sich nicht gewöhnen. Immer wenn die reinkam, sagte er: »Na, mein Täubchen, wer sind Sie, was kann ich für Sie tun?« Ich habe monatelang bei ihm auf dem Papierkorb gesessen und zugehört und dabei mindestens so viel gequalmt wie er. Und irgendwann, so nach vier Monaten, bot er mir eine Zigarette an und sagte: »Ach nee, du rauchst ja nicht. Sehr vernünftig, mein Lieber.«

SPIEGEL: Das klingt aber nicht gerade nach Straflager.

ROWOHLT: Das Straflager bestand aus allem anderen. Der Rowohlt Verlag war durch Kriegskameraden meines Vaters geprägt, die ihm in der Etappe angenehm aufgefallen waren. Ich hätte, um mich wohl zu fühlen, erst mal 180 Menschen feuern müssen, und damit wäre der Verlag, was Abfindungen betrifft, sowieso erledigt gewesen.

SPIEGEL: Wollte ihr Vater nicht, dass Sie Verleger werden?

ROWOHLT: Als er auf dem Sterbebett lag, von dem wir beide noch nicht wussten, dass es das Sterbebett sein würde, habe ich ihm – ich war 15 – den gesamten *Schwejk* mit verteilten Rollen vorgelesen. Da ist er gleich zu Anfang bei der Stelle »… Ferdinand Kokoschka, der was den Hundsdreck sammelt …« vor Lachen aus dem Bett gefallen und hat zu meiner Mutter gesagt: »Alles zurück, der Junge wird nicht Verleger, der Junge wird Schauspieler!« Den ersten Teil des Wunsches habe ich ihm schon erfüllt.

SPIEGEL: Und warum sind Sie kein Schauspieler geworden?

ROWOHLT: Bin ich doch; denken Sie an die *Lindenstraße*. Ich glaube sogar, ich bin so ziemlich all das geworden, was meine Vorfahren gern gewesen wären oder auch gewesen sind.

SPIEGEL: Zählen Sie mal auf?

ROWOHLT: Mein Großvater mütterlicherseits war Journalist – Sitzredakteur, also verantwortlich im Sinne des Pressegesetzes beim Bochumer *Volksblatt* –, und immer wenn er im Knast saß, fing er an zu dichten, richtig hinten gereimt.

SPIEGEL: Als Lyriker sind Sie uns bisher noch nicht aufgefallen.

ROWOHLT: Ich als Lyriker nicht aufgefallen? Na, erlauben Sie mal! Mein einziges Gedicht ist sogar von Hans

Werner Henze vertont worden. Wenn das nicht auffällig ist.

SPIEGEL: Können Sie es vortragen?

ROWOHLT: Gesungen nicht. Es heißt *Gebet des Nashorns* und geht so: *Lieber Gott. Du bist der Boss. Amen. Dein Rhinozeros.* Und das wird heute aufgeführt als *Gebet des Nashorns von Hans Werner Henze*, eine ungeheure Sauerei! Normalerweise steht dahinter in Klammern Lennon/McCartney – und nicht nur McCartney.

SPIEGEL: Sie gehen in diesen Tagen auf Lesetournee mit Ihrer Übersetzung der Autobiographie *Die Asche meiner Mutter* von Frank McCourt, eines Amerikaners irischer Abstammung. Die irische Literatur ist in diesem Jahr Schwerpunkt der Frankfurter Buchmesse. Fühlen Sie sich als Fachmann?

ROWOHLT: Davon abgesehen, dass ich nicht damit auf Tournee gehe, sondern hauptsächlich Flann O'Brien und eigenen Kleinscheiß vortrage, also, wie es bei uns Vortragskünstlern heißt, »bunt arbeite«, bin ich ganz froh darüber, plötzlich als Fachmann für irische Literatur zu gelten, weil ich vorher als Fachmann für Kinderbücher galt und danach für Comics. Fachmann wird man relativ schnell. In Wahrheit habe ich bisher 91 Bücher, drei Theaterstücke und einen Film übersetzt, und nur zweieinhalb der Autoren waren Iren; die meisten waren Amis.

SPIEGEL: Wer war nach O'Brien der zweite Ire?

ROWOHLT: Mervyn Wall. Ein düsteres Kapitel.

SPIEGEL: Warum?

ROWOHLT: Ich habe den mal mitten in der Nacht angerufen, weil es wieder eilig war. Normalerweise stelle ich eine Inkompetenzliste zusammen von allem, was ich nicht verstanden habe, aber für einen Brief hin und einen zurück reichte die Zeit nicht mehr. Also habe ich ihn angerufen, und weil ich möglicherweise ganz leicht angeheitert war und entsprechend risikobereit, habe ich ihm bei der Gelegenheit auch noch gesagt, dass ich sein Buch für ziemlichen Mist halte. Und sehr viel später, beim 1. Internationalen Flann-O'Brien-Symposium in Dublin, haben wir uns getroffen, und er hat in ziemlich bedrohlichem Tone gesagt: »So you are the maaan!«

SPIEGEL: Und mit Nummer zweieinhalb, dem irischen US-Autor McCourt, gehen Sie gemeinsam auf Lesetournee?

ROWOHLT: Nein, gemeinsam treten wir nur ein einziges Mal auf. Der Luchterhand Verlag hätte gern eine gemeinsame Tingeltour gehabt, aber ich finde, es sind kaum langweiligere Veranstaltungen denkbar als solche mit Autor und Übersetzer. Außer bei Jewtuschenko. Es gab eine Anfrage von einem Göttinger Veranstalter, der wollte zur Zeit der Frankfurter Buchmesse Mary Breasted, Frank McCourt und mich buchen – in Göttingen, während der Messe! Da habe ich ihm ausrichten lassen, was er eigentlich gegen Robert De Niro hätte? Und Sharon Stone und Michael Douglas?

SPIEGEL: Die deutsche Übersetzung des Buches von McCourt ist noch vor dem Original erschienen. Wie erklärt sich das?

ROWOHLT: Ja, zweieinhalb Monate vorher. Das liegt an der weltbekannten Kraut Efficiency – wir Deutschen sind nun mal besser und schneller. Und zu Anfang hatte ich eine Heidenangst, dass ich den Autor überhole.

SPIEGEL: Der war noch gar nicht fertig?

ROWOHLT: Ich habe es warm bei ihm rausgezogen und ins Deutsche gebracht. Aber er hat dann einen richtig gemeinen Kunstgriff angewandt, um erst mal etwas Luft zu kriegen, und das erste Drittel umgeschrieben, teilweise die Namen verändert, so dass ich fürchterlich auf dem Schlauch stand. Aber das ist dann auch das Einzige, wozu Lektorinnen gut sind, die behalten bei so was den Überblick. Und hinterher schreiben sie noch mal 400 Fehler rein, damit es spannend bleibt.

SPIEGEL: Was mögen Sie an dem Buch?

ROWOHLT: Dass es, obwohl ständig gehungert und gestorben wird, so komisch ist. Der Übersetzer leidet an einem Buch ja viel heftiger als der Leser – und als der Autor sowieso – und verliert bei einer so dicken Schwarte schon mal den Lebensmut. Mittendrin gerann dies Gefühl bei mir zu einem Fax an den Autor.

SPIEGEL: Wieder mit Beschimpfungen?

ROWOHLT: Das Fax kann ich auswendig hersagen: »Noch etwas, was ein Übersetzer nicht darf: dem Autor einer Autobiographie ein Fax schicken, in dem steht, es ist ganz toll, ich bin auf Seite 267, und ob er bitte seinen Helden sterben lassen kann.«

SPIEGEL: Die Antwort?

ROWOHLT: Keine. Ich habe mich dann damit abgefunden, dass das Buch nie aufhören wird. Ich wusste ja, dass der Autor schon über 60 ist. Mein Kollege Hans Wollschläger hat zehn Jahre für den *Ulysses* von James Joyce gebraucht – warum sollte es mir besser gehen? Aber McCourt ist mir sowieso lieber als Joyce. Er spielt erstens in einer ganz anderen Liga und hat zweitens nichts dagegen, dass der Leser ihn versteht.

SPIEGEL: Was kann McCourt, was Autoren aus deutschen Landen nicht können?

ROWOHLT: Wir Deutschen haben eben unsere kreative Elite zum größten Teil umgebracht und zum kleineren Teil vertrieben, und jetzt wundern wir uns, dass wir keine Kulturnation sind. Wenn das nicht so wäre, hätte ich es nie zum *Zeit*-Kolumnisten gebracht, weil die Konkurrenz zu hart gewesen wäre.

SPIEGEL: In den Rezensionen zu McCourts Buch wird auch Ihnen zumeist ein dickes Kompliment gemacht, so etwa in der *FAZ* ...

ROWOHLT: ... wo über McCourt stand: »Der Vater ist Protestant, die Mutter Katholikin.« Also, wenn der Vater Protestant gewesen wäre, hätte er wohl kaum in der IRA gekämpft, wäre nicht nach Amerika verbracht worden, wo er die Mutter des Ich-Erzählers nicht kennengelernt und den Ich-Erzähler nicht gezeugt hätte, womit die ganze Rezension ziemlich flachgefallen wäre. Das habe ich dem Rezensenten geschrieben, und der hat sehr nett geantwortet, immerhin sei er so lieb gewesen, mehrere Anglizismen nicht zu erwähnen, die mir unterlaufen seien, und an dieser Stelle setzte ich dann mit Beleidigtsein ein; die Anglizismen hätte ich nämlich gern mal erfahren.

SPIEGEL: Wie vermeiden Sie bei Ihren Übersetzungen Anglizismen?

ROWOHLT: Viele Deutsche sprechen, selbst wenn sie keine Silbe Englisch können, als wäre das, was sie sagen, schlecht aus dem Englischen übersetzt. Sie sagen: »Das macht Sinn«, und verwenden »erinnern« transitiv. Das zu vermeiden ist nicht schwer. So viel Patriotismus muss sein.

SPIEGEL: Die Franzosen versuchen standhaft, dem entgegenzuwirken.

ROWOHLT: Jawoll, per Dekret.

SPIEGEL: Sie finden das nicht lächerlich?

ROWOHLT: Überhaupt nicht. Neulich konnte ich das wunderbare Wort »Münzfernsprecher« in eine Übersetzung einbauen. Das tat gut.

SPIEGEL: Wäre »Telefonzelle« nicht schlichter?

ROWOHLT: Das war ein »pay phone« in einer Kneipe. Also keine Telefonzelle. Sondern ein Münzfernsprecher. Ich liebe die deutschen Komposita. Als meine verstorbene Schwägerin Jane damals meinen inzwischen ebenso verstorbenen Bruder heiraten wollte, hat ihr Vater, welcher Schotte war und die Deutschen hasste, gesagt: »Ja, mach das ruhig. Die haben so schön lange Wörter!«

SPIEGEL: Können Sie Irisch sprechen?

ROWOHLT: Überhaupt nur drei Prozent der irischen Bevölkerung können Irisch. Und wenn ich es auch noch könnte, fände ich das ein bisschen sehr deutsch.

SPIEGEL: Die meisten irischen Autoren schreiben heute englisch. Die irische Sprache war lange unterdrückt.

ROWOHLT: Nicht nur unterdrückt; es war regelrecht gefährlich, sie zu sprechen. Die Kinder bekamen in der Schule einen Stock um den Hals gebunden, für jedes irische Wort, das sie sagten, kam eine Kerbe rein, und die Eltern mussten Strafe zahlen. Wenn die Eltern das nicht konnten, gab es wieder zwei Sträflinge mehr für den Export in die Kolonien. Deshalb gab es die »Heckenschulen«, in denen Lehrer heimlich hinter Hecken im Freien Kinder unterrichteten.

SPIEGEL: Verleger sind Sie nicht geworden, Schauspieler – wie ihre Mutter – auch nicht. Gehen Sie gern ins Theater?

ROWOHLT: Nein, nie. Ich habe es noch ein paarmal versucht, aber es war immer zu grauenvoll. Im anglophonen Ausland gehe ich mit großem Genuss ins Theater, aber in Deutschland gibt es nur noch hochsubventionierte Schüleraufführungen. Ich bin ein bisschen verwöhnt, weil meine Theater-Sozialisation zu Zeiten von Hilpert, Stroux und Gründgens stattfand. Meine Mutter hat mich immer in die Premieren geschleift, wo ich so Jahrhundertgenies wie Richard Münch sehen konnte. Da verstand man wenigstens, was die sagten. Ich bin reaktionär; mir gefällt es, wenn ich kapiere, worum es geht.

SPIEGEL: So blieb nur der Übersetzer?

ROWOHLT: Ja. Als Jungspund bekam ich einmal mit, wie Willy Haas seine Frau Herta anraunzte, die gerade *Goodbye, Columbus* von Philip Roth übersetzte: »Ist doch ganz wurscht, wie Philip Roth übersetzt wird.« Und da dachte ich mir, das ist ja ein Traumberuf, in dem es wurscht ist, was man macht.

SPIEGEL: Eine frühe Großtat war die Neuübersetzung Ihres Lieblingsromans von Flann O'Brien. Wie kam es dazu?

ROWOHLT: Weil Verleger Gerd Haffmans mir das befohlen hat. »Wieso soll ich das neu übersetzen?«, habe ich ihn gefragt, »die Übersetzung ist doch traumhaft!« Da sagte Haffmans: »Wie ich dich kenne, kennst du noch nicht mal das Original«, und ich sagte: »Nein, das spare ich mir bis kurz vor meinem Tode auf.« Haffmans: »Und wenn du Blödmann nächste Woche stirbst?« Da habe ich einen Schreck gekriegt und ganz schnell das Original gelesen und bei der Gelegenheit festgestellt, dass in der bisherigen Übersetzung etwa 1200 Fehler waren.

ROWOHLT: Heute lesen Sie vor vollen Sälen. Was war bisher ihr Rekord?

ROWOHLT: Bielefeld 1988. Vier Leute. Von denen ich bis heute drei in Verdacht habe, dass sie zu der veranstaltenden Buchhandlung gehörten. Danach habe ich dreimal hintereinander das Hamburger Literaturhaus vollgekriegt, und die Vorbestellungen hätten für fünfmal gereicht. Worauf ich aber wirklich stolz bin: dass ich alle drei Male nicht reingelassen wurde. Ich sagte am Eingang: »Ich soll hier heute Abend …« – »Nee«, wurde mir gesagt, »das kann gar nicht sein, wir haben hier heute Abend Dichterlesung.«

SPIEGEL: Zufrieden mit dem Publikum?

ROWOHLT: Mein Publikum ist sowieso Elite. Ich war vorgestern bei einer echten Dichterlesung, da kamen so richtig die Mühseligen und Beladenen hin und haben die ganze Zeit gehustet und unterm Arm gerochen. »Was bin ich doch für ein Glückspilz«, habe ich da gedacht, »zu mir kommen die Gesunden und die Schönen, die Jungen und die frisch Gebadeten, die Raucher und die Trinker.«

SPIEGEL: Gibt es noch TV-Ambitionen, nach dem Zwischenspiel als Penner in der *Lindenstraße*?

ROWOHLT: Nö, ich gehe nie ins Fernsehen. Ich finde, dass 50 Sekunden im Fernsehen schlimmer sind, als wenn man 15 Jahre lang in jedem Postamt auf dem Fahndungsplakat steht. Dann ist auch noch das letzte bisschen Privatleben dahin, und man kann nicht mehr beim Straßenfest in die Begrünung kotzen, ohne dass jeder weiß, wer das war.

SPIEGEL: Hat Ihnen die Fernsehprominenz gar nichts genützt?

ROWOHLT: Doch, Nachtportiers lassen mich nach einer Lesung neuerdings ins Hotel. Die denken sich offenbar: »Der arme Mann muss so aussehen. Der macht das nicht freiwillig.«

SPIEGEL: Herr Rowohlt, wir danken Ihnen für dieses Gespräch.

Interview: Volker Hage und Martin Doerry

ERST DRÄNGELN UND DANN TRÖDELN
Der *FAZ-Magazin*-Fragebogen

Was ist für Sie das größte Unglück? Dass manche Menschen sterben. Und manche nicht.

Wo möchten Sie leben? Im Erdgeschoss.

Was ist für Sie das vollkommene irdische Glück? Im Eingeweide einer Kneipe mit klugen Freunden dummes Zeug schwätzen.

Welche Fehler entschuldigen Sie am ehesten? Alle, wenn sie geliebten Menschen anhaften.

Ihre liebsten Romanhelden? Pu der Bär, Finn Mac Cool, Herr Kloßen.

Ihre Lieblingsgestalt in der Geschichte? Mein Opa Franz Pierenkämper, Sitzredakteur beim *Bochumer Volksblatt*, Mitbegründer der USPD.

Ihre Lieblingsheldinnen in der Wirklichkeit? Briefträgerinnen. Überhaupt alle Frauen, die bei der Post arbeiten.

Ihre Lieblingsheldinnen in der Dichtung? Ulla Winblad, Pony Hütchen.

Ihre Lieblingsmaler? Almut, Per und Robert Gernhardt.

Ihr Lieblingskomponist? Beethoven. Wer es als schwerhöriger Neger in Wien zu etwas gebracht hat, kann nicht ganz schlecht sein.

Welche Eigenschaften schätzen Sie bei einem Mann am meisten? Wenn er sagt: »Machst für Harry noch ein Gedeck klar? Geht auf mich.«

Welche Eigenschaften schätzen Sie bei einer Frau am meisten? Wenn sie sagt: »Machst für Harry noch ein Gedeck klar? Geht auf mich.«

Ihre Lieblingstugend? Sagen, was man denkt. Und vorher was gedacht haben.

Ihre Lieblingsbeschäftigung? Gitarrespielen. Was ich aber leider gar nicht kann.

Wer oder was hätten Sie sein mögen? Ein nicht ganz dummer Musiker.

Ihr Hauptcharakterzug? Unerschütterlicher Wankelmut.

Was schätzen Sie bei Freunden am meisten?
Treue. Aber nur zu mir.

Ihr größter Fehler? Neue Matjes mit Zwiebeln essen und dann fragen: »Willst'n Kuss?«

Ihr Traum vom Glück? In einem Italo-Western mitgespielt zu haben und sagen zu können: »Kuck mal; der 18. von links –: Das bin ich.«

Was wäre für Sie das größte Unglück? Wenn es Gott gäbe.

Was möchten Sie sein? Groß und klug und stark und schön und reich und bitte kein Sportler.

Ihre Lieblingsfarbe? Eine verwaschene Mischung aus verwaschenem Jeans-Blau, verwaschenem Irisch-Grün und verwaschenem Fahnen-Rot.

Ihre Lieblingsblume? Die schmutzig-weiße Blume, die oben auf dem Guinness wächst.

Ihr Lieblingsvogel? Der Schmollspecht.

Ihr Lieblingsschriftsteller? Oha. Frank Schulz. Simone Borowiak. Ingomar von Kieseritzky. Aber nächste Woche sieht das schon wieder ganz anders aus.

Ihr Lieblingslyriker? Ungebeten aufsagen kann ich am meisten von Bellman, Gernhardt, Ringelnatz und Rühmkorf.

Ihre Helden der Wirklichkeit? Mein Freund Eddy, der in der Résistance gekämpft und dies geheimgehalten hat, damit er keinen Orden kriegt.

Ihre Heldinnen in der Geschichte? Meine Freundin Martha, die das KZ Ravensbrück überlebte, um Deutschland zu etwas zu machen, was es dann doch nicht geworden ist.

Ihre Lieblingsnamen? Erna, Gerda, Paula, Fritz und Schlomo.

Was verabscheuen Sie am meisten? Erst drängeln und dann trödeln.

Welche geschichtlichen Gestalten verachten Sie am meisten? Cäsar und Cleopatra.

Welche geschichtlichen Leistungen bewundern Sie am meisten? Wie der Volkssturm von Berlin-Grünheide sich geschlossen in sowjetische Kriegsgefangenschaft begab und zwei Tage später geschlossen aus derselben wieder entlassen wurde.

Welche Reform bewundern Sie am meisten? Die Postleitzahl.

Welche natürliche Gabe möchten Sie besitzen? Schwindelfrei sein. Und was draus machen.

Wie möchten Sie sterben? Ich habe mich so an das Leben gewöhnt, dass ich bestimmt unsterblich bin.

Ihre gegenwärtige Geistesverfassung? Dumpf. Noch 'ne Frage?

Ihr Motto? ZUSAMMENTREIBEN! ES GEHT WEITER! (Dies schreit der Trailboss von *Tausend Meilen Staub* am Ende jeder Folge.)

EDITORISCHE NOTIZ

Die in diesem Buch gesammelten *Pooh's Corners* erschienen von 1989 bis 2013 in der *Zeit*, ebenso wie die Kolumne *Lost in Translation* aus dem Jahr 2009.

Der Hund meines Lebens erschien im März 2008 im *Magazin* des *Tages-Anzeiger*. Der Aufsatz *Irland, mit den Augen von Flann O'Brien gesehen* erschien in *Saison*. Das Interview *Typisch, 'ne Fünf in Mathe* stammt aus der *Spiegel*-Ausgabe vom 29. September 1996. Der Fragebogen *Erst drängeln und dann trödeln* wurde erstmals im *FAZ-Magazin* vom 23. Mai 1992 veröffentlicht.